프롤로그

"재환 차장님, 혹시 외국 살다 오셨어요?"

미주 고객사의 담당자와 통화를 막 끝냈을 때, 옆자리의 후배 직원이 저에게 던진 질문입니다. 제가 영어로 통화하는 모습을 처음 본 사람들에게 자주 듣는 말이기도 합니다. 어찌 보면 그렇다고도, 한편으로는 그렇지 않다고도 대답할 수 있을 것 같습니다. 17년 전 5개월 남짓 캐나다에 체류했던 것은 맞습니다. 하지만 위와 같은 질문이 '외국에서 유년기를 보냈거나 학업 등 정규과정을 이수하셨나요?'라는 의미라면 그렇지 않다고 대답할 수밖에 없습니다.

저는 이민은 물론, 영어권 국가에서 유학 생활을 하거나 정규 학업 과정을 이수한 적이 없습니다. 그렇다고 해서 국내 통번역대학원에서 학위를 취득하거나 영어교육 관련 직업에 종사하지도 않는 평범한 직장인입니다. 캐나다에 잠깐 머물렀던 것이 유일한 외국 생활 경험입니다. 하지만 지금은 회사에서 해외영업을 담당하며 영어를 주로 사용해 미주 고객에게 제품을 판매하고 있습니다.

지금까지 읽은 독자분들 중 몇 달간의 해외 체류 경험만 있어도 일상과 비즈니스에서 영어를 유창하게 사용할 수 있다는 자신감이 있는 분들이라면 책을 덮으셔도 괜찮습니다. 어떤 일이든 세상에는 여러 방법이 있기 때문에 자기에게 맞는 방법을 찾았다면 그것이 정답이 될 수 있습니다.

하지만 아래 내용 중 하나라도 해당이 된다고 생각하시면 이 책을 꼭 한 번 읽어 보시기를 권해 드리고 싶습니다.

▷ "How are you?"라는 낯선 외국인의 인사에 대답을 못하거나 과거의 저처럼 "Yes."라고밖에 대답하지 못하는 분
▷ 학창 시절에 영어 배우기를 포기했거나 ABC 말고는 영어를 써 본 적이 없는 분

> ▷ 영어 '공부'를 열심히 했지만 외국인만 보면 입이 얼어붙는 분
> ▷ 여건 상 장기간 어학연수나 유학을 가기 어려운 분
> ▷ 어학연수나 유학을 다녀온 뒤에도 영어 실력이 썩 좋지 않다고 생각하는 분
> ▷ 어학연수를 다녀온다고 해도 영어 실력이 늘기는 어렵다고 생각하는 분

이외에도 영어를 일상에서, 혹은 비즈니스 상황에서 활용하는 데에 어려움을 겪는 분들이 많을 것입니다. 그런 분들께 이 책이 영어 말하기 실력을 향상하는 방법론적 측면에 도움이 되면 좋겠습니다. 일반적으로 알려진 방법과는 조금 다를 수 있습니다. 영어 말하기는 우리에게 익숙한 '공부'가 아니라 '기술'적인 측면에서 접근해야 하기 때문입니다.

유튜브, 페이스북, 인스타그램, 틱톡, X(트위터) 등 각종 매체에서는 이른바 '영어를 잘하는 사람'이 많이 보입니다. 그런 사람들을 보면 자신도 영어를 잘하고 싶다는 생각이 들면서 여러 방식으로 영어를 '공부'합니다. 좋은 표현을 익히는 데에 도움이 된다는 각종 책을 비롯해 미드, 영화에 이르기까지 다양한 방법을 이용하며, 빠른 실력 향상을 위해 닥치는 대로 '공부'합니다.

하지만 현실은 마음처럼 되지 않습니다. 우연히 길을 묻는 외국인을 만나도 말 한마디 제대로 할 수 없습니다. 수많은 표현을 열심히 공부했지만 막상 입을 떼려고 하니 머릿속이 하얘지고 집에 와서는 아쉬움에 괜히 발을 구릅니다. 방법이 잘못되었을 것이라고 스스로를 다독이고 다른 방법을 찾아 공부하지만, 영어 실력은 계속 제자리걸음입니다.

'왠지 내 얘기 같아.'라는 생각이 드시나요? 어쩌면 우리나라에서 일평생 살아온 대부분 사람들의 이야기일지도 모릅니다. 한국어로 둘러싸인 환경에서 영어를 배우려면 습득하는 방식을 바꿔야 합니다. 아무리 좋다는 어휘나 패턴을 익혀도 평소에 사용하고 익숙해질 맥락을 만들 수 없기 때문입니다.

"사용하지 못하는 언어는 생명력을 잃고, 이내 잊힐 수밖에 없습니다."

성인 독자라면 실제 운전을 위해서든, 나중에 차를 살 때를 대비해서든, 혹은 있으면 좋기 때문이든 각종 이유로 운전면허를 취득한 분이 많을 것입니다. 그렇다면 면허를 취득한 뒤에 필기시험 참고서나 문제집을 다시 펼쳐본 사람은 몇 명이나 될까요? 거의 없을 것입니다. 하지만 우리는 굳이 반복해서 공부하지 않고도 직접 운전하면서 방법을 익히고, 경력이 쌓이면서 자연스럽게 실력도 좋아집니다.

갑자기 웬 운전면허 이야기를 꺼냈을까요? 언뜻 보면 영어 말하기와 운전은 전혀 관련이 없어 보이지만, 의외로 둘 사이에 공통점이 있습니다. 그것도 매우 밀접하고, 매우 중요한 부분입니다.

첫째, 몸을 써서 방법을 익힌다는 점입니다.
아기들이 처음 뱉는 단어들은 발음도, 상황도 어색하기 그지없습니다. 점차 단어와 단어를 결합해 짧게나마 문장을 말하기 시작하지만, 미숙해 보이는 것은 여전합니다. 하지만 아기들은 **원하는 말을 하기 위해 입을 열고 끊임없이 말을 뱉어 냅니다.** 당연히 체계적으로 문법을 배우거나 좋은 표현을 따로 익힌 적은 없지만, 이 과정에서 아기는 점차 명확한 발음과 표현을 체득하게 됩니다.

이미 익숙한 모국어가 있는 사람들이 외국어를 배우는 것은 아기들이 말을 배우는 과정과 유사한 점이 있습니다. 우리나라에서 나고 자란 사람이 영어권 국가에 이민을 가면 처음에는 말을 잘 못합니다. 하지만 영어를 할 수밖에 없는 상황 속에서 숱한 좌절과 어려움을 겪으면서 어떻게든 살아내기 위해 입을 열고 영어를 뱉어 냅니다. 한가하게 단어나 숙어를 익히고 더 예쁘고 교양 있는 표현을 찾아 외울 시간은 없습니다. 들은 말과 당시 상황을 종합해 보고 기억하는 단어들을 어떻게든 조합해 자신의 의견을 최대한 전달하는 것만이 중요해집니다.

당장 운전해서 목적지에 가야 하는데 운전면허 책만 공부하고 있으면 도움이 되지 않습니다. 책으로 얻은 지식만으로는 목적지에 도착할 수 없습니다. 처음에는 미숙하더라도 직접 운전하며 차를 움직여야 감각이 몸에 익고 목적지로 갈 수 있습니다. 영어 말하기와 운전 모두 직접 자신의 몸을 써서 행동으로 옮기면서 익히는 '기술'의 영역인 셈입니다.

둘째, 몸으로 익힌 경험을 통해 실력이 향상된다는 점입니다.
앞서 예로 든 이민자를 다시 생각해 보겠습니다. 영어권 국가로 이민을 갔다고 해서 모두 영어를 능숙하게 말할 수 있는 것은 아닙니다. 보통 체류 기간이 길어질수록 영어가 유창해진다고 생각하지만, 사실은 그렇지 않습니다. 학생이라면 친구를 사귀거나 학업을 위한 목적으로, 성인이라면 직장이나 본업을 위해 사용하는 사람들이 영어를 잘할 수 있습니다. 영어 말하기 실력을 좌우하는 결정적인 요소는 **얼마나 깊이, 자주 영어 말하기를 했는지**입니다.

운전도 마찬가지입니다. 면허를 취득하고 몇 번이나 갱신할 정도로 오래되었다고 해서 운전을 잘할 수는 없습니다. 운전 경력이 길다는 것은 실제로 운전을 많이 해봤다는 것을 의미합니다. 30년 전에 면허를 취득했지만 운전 경험이 손에 꼽을 정도인 장롱면허 운전자와 면허 취득 3년 차이지만 생업으로 매일 밤 대리운전을 해 온 운전자 중 누가 운전을 더 잘할지는 뻔합니다. 이처럼 영어 말하기와 운전은 경험의 빈도와 깊이에 따라 실력이 향상됩니다.

 이렇게 설명해도 실감이 나지 않을 수 있습니다. 저 역시 방법을 깨닫기 전에는 몸으로 영어를 익힌다는 것이 어떤 의미인지 이해하기 어려웠습니다. 어쩌면 학창 시절부터 '영어는 공부해야 하는 것'이라는 인식이 우리에게 뿌리 깊게 자리하고 있어 무의식적으로 몸으로 배운다는 것을 거부하고 있는 것일지도 모르겠습니다.

 이 책을 읽으면서 영어 말하기에 대한 잘못된 개념을 뿌리 뽑고 올바른 개념을 받아들이면 좋겠습니다. 그래야 앞으로 나올 다양한 기술을 더 쉽게 받아들일 수 있습니다. 운전면허를 취득할 때 안전교육을 반드시 받아야 하는 것과 같습니다. 운전에 있어 안전은 가장 기본이 되는 개념이자 가치입니다. 영어 말하기 기술은 훈련을 통해 얻을 수 있다는 사실을 인지하고 있어야 시간과 비용을 절약할 수 있습니다.

 영어 말하기에 관한 올바른 개념을 숙지한 뒤에는 본격적인 과정이 진행됩니다. 운전면허로 치면 '필기시험', '기능 시험', '주행 시험'에 해당하는 관문이라고 생각하면 됩니다. 이 시험들을 통과해야 도로에 나가 차의 운전대를 잡을 수 있는 운전면허증이 발급되듯, 영어 말하기 역시 이 관문을 통과해야 **내가 하고 싶은 말을 영어로 말할 수 있는 '영어 말하기 면허'**를 얻을 수 있습니다. 이 단계가 번거롭고 어렵다고 해서 건너뛰면 안 됩니다.

"나는 기능이 약하니까 주행 시험만 볼래."
"필기시험은 안 봐도 차는 몰 수 있으니까 기능과 주행만 할래."
"기능을 통과했으면 주행은 혼자 도로에서 운전하면서 익히면 되지."

운전면허를 취득하면서 이렇게 생각하는 사람은 없을 것입니다. 각 단계를 일정 수준 이상으로 통과해야 다음 단계로 갈 수 있습니다. 영어도 마찬가지입니다. ABC밖에 모르는 사람이 '배가 고프니 먹을 것을 좀 주세요.'라는 말을 할 수는 없습니다. 자기소개는 원고를 달달 외워서 말할 수 있지만, 반대로 낯선 곳에서 길을 제대로 묻지도 못하는 사람에게 영어를 잘한다고 말하지는 않습니다.

하고 싶은 말을 영어로 말할 수 있는 기술, 즉 '영어 말하기 면허증'을 취득하고 싶다면 이 책을 차근차근 읽으면서 따라와 주시기 바랍니다. 그전에 제가 인생 좌우명으로 삼고 있는 TYK 그룹 김태

연 회장의 말을 여러분과 나누고 싶습니다.

"He can do it!"

"She can do it!"

"Why not me?"

자, 이제 시작해 볼까요?

| 차례 |

프롤로그   2

STEP 0
나의 영어(말하기) 기술 습득기

"Hello, Jay. You got an internship at RBC."   19
실행이 전부다   28
알 수 없는 자신감이 생기는 시점   33
본격적인 면접 준비로   35
Cold Calling   38
면접   42
합격   45
출근   47
귀국, 그리고 그 후…   56

STEP 1
영어 말하기 안전 교육

영어 말하기 안전 교육에 들어가며   65
안전 법칙 1. 영어 말하기 습득에 관한 개념 바꾸기   68
안전 법칙 2. 감정이 담긴 표현하기   71
안전 법칙 3. 머리가 아닌 입을 훈련하기   76
안전 법칙 4. 내가 원하고 나에게 필요한 이야기를 하기   78
안전 법칙 5. 발음을 잘하는 사람 = 흉내를 잘 내는 사람   81
안전 법칙 6. 번역하지 않고 바로 나오는 영어 구사하기   84
안전 법칙 7. 나만의 이야기 만들기   87
안전 법칙 8. 효과를 볼 수 있는 영어 큰소리로 읽기   90

STEP 2
영어 말하기 필기시험

영어 말하기 필기시험에 들어가며	95
1. 영어 읽기	98
2. 어순 익히기	100
3. 동사의 변화	102
4. 질문 만들기	109

STEP 3
영어 말하기 기능 시험

영어 말하기 기능 시험에 들어가며	121
기능 시험 준비하기	124
기능 기술 1.현재형 만들기	126
기능 기술 2.과거형 만들기	129
기능 기술 3.미래형 만들기	132
기능 기술 4.부스터 도구 활용	135
기능 기술 5.질문 만들기	146
기능 기술 6.방향 질문 만들기 (방향을 틀어 후진하기)	158
기능 시험을 마무리하며	172

STEP 4
영어 말하기 주행 시험

영어 말하기 주행 시험에 들어가며	179
주행 시험 준비하기	181
영어 말하기 면허 취득 성공	199

STEP 5
초보 운전 떼기

자기소개를 넘어	207
주행 코스 확장하기	210
나만의 주행 코스 #1 나의 까망이	213
나만의 주행 코스 #2 살기 위한 운동 시작	218

STEP 6
프로처럼 운전하기

간단한 기술로 표현 다양화하기	227
부드럽게 운전하는 기술	244
신문, 뉴스는 피하자	251
필자의 인생 미드, 'The Apprentice'	256
부분보다는 흐름에	260
바쁜 일상 속, 자투리 시간 활용하기	265
정확한 목적지 정하기	268
집-마트 코스는 내가 우주 최강	271
소요 시간의 의미	274
매일 간단한 모의 주행하기	278
시뮬레이션 효과: 상상의 힘, 미래를 미리 경험하기	281
내 주행 코스에서 꼭 필요한 운전 기술을 사용해보기	286
운전의 완성은 주차	290
자주 쓰는 맺음말 모음	294
대화의 시작: 예열하고 출발하기	296
자주 쓰는 첫인사 질문 10가지	299
자주 쓰는 첫인사 대답 10가지	301

에필로그	304

STEP 0

나의
영어(말하기) 기술
습득기

영어 말하기 면허

"Hello, Jay.
You got an internship at RBC."

인턴십 프로그램으로 캐나다에서 생활하던 시절, 이 한 문장을 보고 숨이 멎을 것 같았다. 그토록 바랐던 RBC의 인턴십에 합격했다는 소식이었다. 고생으로 가득했던 지난 3개월여의 시간을 단번에 보상받는 기분이었다.

당시 나는 3회 연속으로 학사경고를 받고 어쩔 수 없이 학교를 잠시 쉬어야 하는 암울한 상황에 맞닥뜨렸다. 입시의 부담에서 해방되었다는 기분에 도취되어 1학년 때는 두 학기 내내 학사경고를 받았었다. 하지만 세 번째 학사경고는 차원이 달랐다. 군에서 전역한 뒤 열심히 학교를 다니겠다고 마음을 다잡았던 2학년 1학기였기 때문이다.

길을 잃은 것만 같았던 시간, 반강제로 학교를 쉬는 동안 무엇을 할지 며칠을 밤낮으로 고민했다. 그러던 중 해외 인턴십 프로그램 광고가 눈에 들어왔다. 당시 어학연수를 다녀왔다고 뽐내는 사람들의 영어 실력에 실망해 있던 차였기에 '인턴십'이라는 단어가 더 솔깃하게 다가왔다. 공부에 집중하는 '연수'와 달리, 일에 무게를 두는 단어라고 해석했기 때문이었다.

하지만 인턴십에 도전하겠다고 마음먹은 결정적 계기는 학사경고를 세 번이나 받았다는 수치심이었다. 어떻게든 이 창피를 만회할 기회를 마련해야겠다고 생각했다. 인턴십 참가 신청 후 모의면접을 보라는 연락이 왔다. 현지 코디네이터와 전화로 인터뷰를 진행하며 프로그램에 참가 할 수 있는 수준인지 알아보는 일종의 레벨 테스트였다.

진짜 자신이 있었던 것인지, 자신이 없던 것을 감추려는 객기였는지 지금은 기억나지 않지만, "Hello!"를 호기롭게 외치며 전화 인터뷰를 시작했다. 하지만 그 기세가 사라지는 데에는 몇 분도 채 걸리지 않았다. 인터뷰 내내 코디네이터의 질문에 내가 할 수 있었던 대답은 "Umm…….", "Sorry?", "아, 잠시만요.", "아……." 정도에 불과했다. 습관처럼 튀어나오는 한국어와 탄식, 못 알아듣고 답답하게 만든 것에 대한 미안함 등이 뒤섞여 있었다. 코디네이터가 하는 말의 의미도 제대로 알아듣지 못했다. 가뭄에 콩 나듯 간간이 알아들은 질문에도 나는 대답하지 못했다. 'Yes' 혹은 'No'라는 짧은 답변을 요구하는 것이었음에도 말이다.

몇 시간처럼 느껴진 10여 분의 전화 면접은 나의 영어 실력이 처참한 수준이라는 것을 깨닫게 했다. 사실상 인턴십 기회는 물 건너 갔다고 생각했고, 나답지 않게 큰 미련 없이 포기할 수 있었다. 목표와 나의 수준 사이에 존재하는 격차가 압도적으로 크다면 빠르게 포기하게 된다는 것을 느낀 순간이었다.

무엇을 해야 할지 막막했다. 전역 당시에는 빨리 졸업하고 취업시장에 나갈 계획이었지만, 그마저도 불가능한 상황이었다. 마음은 급한데 할 수 있는 것은 없었다. 그때, 프로그램 담당자에게 연락이 왔다.

"많이 어렵겠지만, 일단 한 번 가 보시죠. 캐나다로."

돌이켜보면 프로그램을 기획한 업체도 재정적으로 여유로운 상황은 아니었던 것 같다. 나 또한 물불 가릴 처지가 아니었지만, 내 영어 수준을 확인하고도 캐나다로 가자는 담당자의 제안에 한 가지 확신이 생겼다. '허드렛일이라도 할 수 있는 프로그램과 연계된 현지 업체가 있다.'라는 것이었다. 게다가 당시만 해도 나는 일단 외국에 가기만 하면 영어는 저절로 늘 것이라는 큰 착각을 하고 있었다. 물론 현지 도착 1주일도 되지 않아 그 환상은 무참히 깨지고 말았다.

그 시작은 공항에 마중 나온 홈스테이 가정의 주인 내외를 처음 만났을 때였다. 20대 중반, 처음 타 본 국제선 장거리 비행과 사무적이고 딱딱한 캐나다 공항의 입국 심사에 나는 잔뜩 지쳐 있었다. 반면 주인 내외의 표정은 무척이나 밝고 따뜻했다.

"How are you, Jay[1]?"

정신이 번쩍 들었다. 25년의 짧은 인생에서 가장 많이 듣고 접한 영어 문장이었다. 어떻게 대답해야 하는지도 알고 있었다. 긴장과 피로가 전신을 억눌렀지만, 머릿속에서는 'I'm fine, thank you. And you?'라는 말만 맴돌고 있었다.

'이 말을 해야 한다. 무조건 해야 한다.'

하지만 내 입에 나온 말은 딴판이었다.

"Yeah."

---
[1] Jay는 필자의 영어 이름이다

아뿔싸, 하는 생각이 들었지만 이미 엎질러진 물이었다. 상황에 맞지도 않고 건방지다는 인상을 줬을지도 모를 대답이었다. 하지만 주인 내외는 그런 나를 이해한다는 듯 환한 미소로 반겨 주었다. 캐나다에서의 생활은 그렇게 시작되었다.

주말 비행 편으로 캐나다에 도착한 나는 시차에 적응할 틈도 없이 바로 다음날 인턴십 프로그램을 시작했다. 한국 학생은 3명이 더 있었다. 간단히 자기소개를 마치고 현지 코디네이터의 프로그램 설명이 이어졌다. 가장 궁금했던 것은 이 프로그램에 어떤 회사들이 연계되어 있는지였다. 미천한 영어 실력에 대한 자괴감은 이미 뒷전이었고, 기왕 온 이상 좋은 회사에서 인턴십 경험을 쌓고 싶었다. 아니, 솔직히 말하면 경험은 중요치 않았다. 취업을 준비할 때 '해외 인턴십'이라는 5글자를 이력서에 채우고 싶었다. 하지만 이런 기대감도 금방 무너지고 말았다. 현지 코디네이터는 마치 '이제는 말할 수 있다.'라는 표정으로 담담하게 입을 열었다.

"이 프로그램에 직접 연계된 회사들은 없고요. 2개월 정도 교육을 받은 뒤 'Cold Calling'을 할 거예요. 그때 본인이 일하고 싶은 회사에서 인턴십 기회를 얻으면 됩니다."

내 귀를 의심했다. 프로그램과 연계된 회사가 단 한곳도 없다는 것도 충격이었고, 'Cold Calling'이라는 단어도 낯설었다. 차가운 통화라는 의미인가? 이해가 되지 않았다. 어떤 회사든 들어가서 복사만 해도 좋을 것 같았다.

어쨌든, 나와 영어 실력이 비슷한 3명의 학생과 한국어를 잘 하는 현지 교포 코디네이터가 팀을 이뤄 인턴십 프로그램이 시작되었다. 과정은 비즈니스 영어를 배우는 이론 수업과 코디네이터의 질문에 짧은 영어로 답하는 실습 시간 등 국내 여느 영어학원과 크게 다르지 않았다. 유일하게 다른 점이라면 이곳이 한국이 아니라 캐나다라는 사실뿐이었다.

프로그램 시작 1주일이 지난 어느 날 밤, 침대에 누워 잠을 청하는데 문득 두려움이 느껴졌다.

'뭔가 잘못된 것 같은데······. 이대로 남은 시간을 보냈다가는 인턴십은커녕 영어 회화도 한 마디 제대로 못하고 귀국하겠다.'

아무것도 손에 쥔 것 없는 복학생이라니, 상상만으로도 아찔했다. "How are you?"라는 인사에 "I'm fine, thank you. And you?"라는 국민 영어 공식 같은 대답조차 하지 못했던 첫 입국 때의 모습도 떠올랐다. 수백, 수천 번은 들었을 간단한 대답이 왜 나오지 않았는지 이유를 알 수 없었다.

차마 영어로 말할 용기가 나지 않았던 것일까? 그렇지는 않았던 것 같다. 대학교 입학 후 세 학기 만에 세 번의 학사경고를 받은 나였다. 용기라는 단어를 논하는 것 자체가 사치였다. 용기가 필요할 만큼 두려운 상황도 아니었다. 첫 장거리 비행에 피로는 극에 달해 있었고, 예상치 못한 공항에서의 환영에 두려움을 느낄 시간조차 없었다.

나지막이 당시를 떠올리며 "I'm fine, thank you. And you?"를 중얼거렸다. 그런데 이상했다. 내가 알고 있는 문장이 맞는지 의구심이 들 정도였다. 이 문장을 처음 접했던 초등학교 시절 이후 약 15년 만에 느껴지는 어색함이었다. 그저 보고 읽고 들으며 배우는 것과 직접 말로 해보는 것은 큰 차이가 있었다. 사용하는 **상황을 생각하고 감정을 담아 말해본 적이 없으니 당연한 일이었는지도 모른다.**

영어만 그랬던 것일까? 해보기도 전에 별거 아닐 거라고, 나는 잘할 수 있다고 생각했던 것이 영어 말고는 없었을까? 그러다 문득 무면허 시절, 운전만큼은 자신 있다고 큰소리치던 내 모습이 떠올랐다.

자주 만나던 친구 중 나보다 먼저 운전면허를 딴 친구가 한 명 있었다. 쉬는 날이면 그 친구는 아버지 차에 나를 태우고 이곳저곳으로 놀러 다니곤 했다. 하지만 차를 탈 때마다 나는 적지 않은 스트레스를 받았다. 운전자가 초보였던 만큼 사고가 나지는 않을까 불안한 마음이 늘 한구석에 자리하고 있었고, 옆에서 보기에 친구의 운전은 답답한 부분이 너무 많았다.

"야, 무슨 운전을 이렇게 하냐? 내가 면허만 있어도 너랑 자리 바꿨다. 감이 없는 거냐, 운동신경이 없는 거냐?"

운전대 한 번 잡아본 적 없었지만 누구보다도 운전을 잘할 것이라는 자신이 있었던 나는 친구의 허점만 보이면 훈수를 두었다. 운동신경이 매우 좋은 친구였기에 당연히 운전도 잘할 것으로 착각하고 있던 시기였다.

몇 달 뒤, 나도 면허를 취득했고 어머니의 차를 몰고 나와 그 친구를 태웠다. 오락실이나 PC 게임으로 하던 운전과는 비교할 수 없이 어려웠다. 조수석에서 보는 것과도 달랐다. 하지만 친구에게 그만큼 큰소리를 쳤으니 태연하게 잘하는 척이라도 해야 했다. 그리고 그때, 뒤에서 '끼기기긱' 하는 소리가 들렸다. 너무 작게 우회전을 해서 뒷문짝이 연석에 긁힌 것이었다. 친구는 그럴 줄 알았다는 표정으로 나를 쳐다봤다.

이후로도 나는 셀 수 없이 많은 접촉사고를 냈다. 대인사고를 낸

적은 없다는 것이 그나마 위안거리였다. 그랬던 내가 수년째 무사고 운전을 하고 있었다. 마지막으로 접촉사고를 냈던 기억도 가물가물하다. 당시와 지금의 차이는 딱 두 가지다. 첫째, 면허 취득 이후 짧지 않은 시간이 흘렀다. 벌써 면허를 딴 지 5년 넘는 시간이 흘렀다. 둘째, 그동안 많이 운전하며 경험을 쌓았다는 것이다. 운전대만 잡으면 사고를 내던 초보가 그럴싸한 운전 실력을 갖추는 데에 필요한 것은 이 두 가지뿐이었다.

실행이 전부다

 주인 내외의 인사에 대답을 못한 이유에 대해 내가 내린 결론은 **'아무리 쉽고 익숙해 보이는 것일지라도 직접 해보지 않으면 내 것이 아니다.'** 였다. 무면허 운전자였던 내가 운전대를 잡기 전까지 나 자신을 '베스트 드라이버'로 자평했던 것처럼 내가 잘 안다고 생각하는 것도 실행에 옮기지 않으면 익숙해질 수 없다. 나름 능숙했던 당시 25살 나의 운전 실력도 면허 취득 후 수년 동안 틈만 나면 핸들을 잡고 직접 운전하며 얻은 실력이었다는 것을 새삼 깨닫게 되었다. 이 깨달음은 약 5개월의 캐나다 생활에서 얻은 가장 큰 수확이었다. 이를 계기로 나는 모든 것을 바꾸기로 결심했다. 보고 듣고 줄을 쳐가며 공부했던 **영어를 운전처럼 직접 해보기로 다짐했다.**

사실 내 일상은 단조롭고 고독했다. 아침에 일어나 씻고 홈스테이 주인 아내분이 싸준 점심 도시락을 들고 학원으로 가서 오후 3~4시까지 수업을 듣는다. 그리고 외식이든 집밥이든 대부분 혼자 저녁을 먹는 것으로 정해진 일과를 마무리한다. 주인 부부는 중년쯤 돼 보였는데, 단 한 번도 나와 함께 식사를 한 적은 없다. 같이 식사하는 것이 불편했을 수도 있고, 혼자 타지에 온 나를 위한 배려였는지 알 길은 없지만, 굳이 물어볼 생각도 하지 않았다.

그리고 1주일이 지났을 때, 다행히 정신 차려야겠다는 생각을 하게 된 것이다. 이대로는 한국에서 전일제 비즈니스 영어학원을 다니는 것이나 다름없었다. 변화가 필요했다. 당시만 해도 영어 실력 향상을 위해서는 현지인들과 많이 대화하는 것이 유일한 방법이라고 생각했다. 처음 캐나다에 갈 때만 해도 현지인 친구들을 금방 사귀어서 반강제적으로라도 영어를 쓰게 될 것으로 생각했다.

하지만 현실은 상상과 달랐다. 현지인들에게 대화 한 마디 붙일 수 없었고, 친구가 되기는 꿈도 꿀 수 없을 정도로 시간과 여유가 부족했다. 그렇다고 홈스테이 주인 내외분들과 친하게 지내기도 쉽지 않았다. 두 분 모두 이른 아침에 출근해 저녁 늦게 퇴근했기 때문이었다. 다른 방법을 찾아봐야 했다.

나는 혼자서 묻고 답하며 연습하는 방법을 택했다. 캐나다까지 가서 선택한 방법이 자문자답이라는 데에 못마땅한 표정을 짓는 사람도 있겠지만, 현실이 그랬다. '인턴십'이라는 단어에 혹해 아무런 준비도, 계획도 없이 출국한 결과였다.

결과부터 얘기하자면, 이 선택은 지금의 영어 말하기 기술을 익히는 데에 최고의 선택이었다. 인생사 새옹지마라는 말처럼, 위기는 기회가 되었다. 아침에 눈뜬 순간부터 저녁에 잠들기 전까지 하루 종일 내가 하고 있는 일, 해야 할 일, 생각하고 있는 것, 나의 느낌까지 모든 것을 스스로에게 이야기했다.

간단한 질문에 대답조차 하지 못했던 실력으로 어떻게 문장을 만들고 말을 했는지 의문이 생길 수 있지만, 해법은 간단하다. 가장 **기본부터 시작**하는 것이다. 한 문장을 이루는 최소한의 구성요소인 **'주어+동사+목적어'의 간단한 형식으로 표현**하려 했다. 미숙함을 인정하고 나니 기본부터 시작한다는 것에 거부감은 없었다. 모르는 단어는 인터넷이나 사전을 찾아보며 문장을 만들었다.

고작 3~4개 단어로 이루어진 짧은 문장이었지만, 난생처음 해보는 영어 말하기는 낯설고 어색했다. 문제를 풀기 위해 묵독으로 읽은 것과 내 입으로 직접 소리 내어 말하는 것은 완전히 달랐다. 내가 내는 소리가 다른 사람의 목소리처럼 들릴 정도였다. 수없이 보고 익혔던 단어들을 문장으로 만들어 보니 과거와는 전혀 다른 느낌으로 다가오는 신선한 경험도 할 수 있었다.

일상 회화보다 어려운 비즈니스 영어도 마찬가지였다. 사실 아르바이트 외에 제대로 된 일을 해본 경험도 없을뿐더러 영어도 못하는 상황에서 두 달의 인턴십 준비 과정을 통해 실력을 기르고 실전에 적용하는 것은 불가능에 가까웠다. 하루 종일 이해할 수 없는 이야기를 듣고 있으면 인지 부조화가 심해지고 몸이 나른해지며 잠이 쏟아진다. 수업에 좀처럼 집중하지 못하고 조는 일이 빈번해진 것도 그런 이유였다. 그래서 나는 수업 시간에도 조용히 입술을 달싹거리며 '스스로 말하기'를 실천했다. 말 그대로, 눈을 뜨고 있는 대부분의 시간을 스스로 말하기에 썼다.

그렇게 한 달여가 흘렀다. 평소와 다름없이 귀가해 알아들을 수 없는 영어가 난무하는 TV를 틀어놓고 등장인물에 대한 생각을 혼잣말하고 있었다. 대화 상대 하나 없는 홈스테이 가정에서 TV는 나의 유일한 안식처였다. 비록 인물들의 대사는 알아들을 수 없었지만, 인물과 상황은 혼잣말을 하기에 좋은 소재였다. 화면 속 인물에 대해 '나라면 이 상황에서 어떻게 말할까?' 생각해 보기도 하고, 상황을 나름대로 해석해 말하기도 했다. 스포츠 중계도 마찬가지였다. 야구를 좋아했기에 MLB를 자주 봤고, 수준 높은 경기에서 펼쳐지는 각종 상황을 어설프고 느린 영어로나마 해설하곤 했다.

TV를 틀어놓고 나도 모르게 잠이 든 어느 날, 난생처음 영어로 꿈을 꾸었다. 내용은 자세히 기억나지 않지만, 여러 외국인 틈에 섞여 자연스럽게 영어로 말을 했던 기억이 난다. 영어로 꿈을 꿀 정도라면 상당한 수준에 달했다고들 하지만, 당시 나는 고작 몇 개의 단어를 조합해 조악한 수준의 문장을 구사할 뿐이었다. 아마도 한국어를 쓸 일이 거의 없었고 영어로 말을 하는 습관을 들이다 보니 일시적으로 무의식이 발현된 현상이었을 것이다. 하지만 기분은 좋았다. 처음 캐나다 땅에 발을 디뎠을 때보다 발전하고 있는 것은 분명해 보였다.

알 수 없는 자신감이 생기는 시점

　한 달은 생각보다 길었다. 듣는 이는 없었지만 나는 꽤 많은 시간에 걸쳐 나 스스로에게 이야기했다. 특히 혼잣말의 장점은 다른 사람의 시선을 신경 쓸 필요가 없다는 데에 있었다. 스물다섯의 나이에 현지 5세 아동보다도 미숙한 영어 수준으로 대화를 나눈다면 머릿속이 굉장히 복잡했을 것이다. 문법이 틀린 것은 아닐지, 상대가 내 말을 제대로 이해했을지, 내 영어를 비웃지는 않을지 걱정하며 한마디를 내 뱉기가 무척이나 어렵지 않았을까? 어쩌면 지난 10여 년에 걸쳐 영어를 배웠지만, 대부분 정답을 찾고 잘못된 부분을 찾아내는 데에 집중되어 있었던 영향도 있을지 모른다.

어쨌든 점차 다양한 주제를 이야깃거리로 삼을 필요성을 느꼈고, 주변의 사물이나 현상으로 표현 범위를 넓혀갔다. 집과 학원을 오가는 길에는 표현할 재료가 많았다. 그러다 보니 점차 간단한 의견을 전달하거나 나의 상태를 표현하는 데에 자신감이 붙었다. 물론 구조는 어설프고 단순했으며, 문법적으로도 오류가 많았을 것이다. 하지만 'How are you?'란 안부 인사에 'I'm fine. Thank you. And you?'도 답하지 못했던 한 달 전에 비하면 엄청난 발전이었다고 자평한다.

본격적인 면접 준비로

그렇게 한 달여가 지났고, 비즈니스 영어 수업은 반환점을 돌아 후반부에 접어들고 있었다. 그때 코디네이터가 다음 일정을 발표했다.

"자, 이제 비즈니스 영어를 어느 정도 배웠으니 본격적으로 면접 준비를 시작하겠습니다."

충격과 혼돈이 온몸을 휘감았다. 수업 때는 졸기 일쑤였고, 다른 세 명의 참가자와 제대로 된 이야기를 할 기회도 거의 없었기에 서로의 수준을 파악하기 어려웠다. 나는 이제 막 기본적인 문장 요소를 조합해 더듬더듬 말을 할 수 있게 된 정도였는데, 면접이라니 그저 막막하기만 했다. 무엇을 어떻게 어디서부터 준비해야 할지 전혀 감이 오지 않았다. 그렇다고 가만히 있을 수는 없었다. 학교를 쉬는 동안 무엇이라도 얻어 가야 했다. 그래야 복학해서도 고개를 들고 학교를 다닐 수 있을 것 같았다.

그날부터 면접 준비를 시작했다. 예상 질문을 추려 영어로 답변을 작성했다. 내 전공인 신소재공학과 관련된 일은 한국에서도 많지 않았는데, 캐나다에서 전공을 살린 인턴십 기회를 잡기는 하늘의 별을 따는 것보다도 어려운 일이었는지 모른다. 그래서 면접 준비에서는 전문적인 내용을 빼고 **나 자신에 관한 질문이 나올 것을 대비해 이를 중심으로 준비했다.**

내가 면접관이라면 지구 반대편에서 온 20대 중반의 학생에게 무엇을 궁금해할지 생각해 보았다. 누구이며, 어떤 것을 좋아하고, 어떤 성격인지, 무슨 경험을 했는지, 왜 인턴십을 하고 싶고 앞으로 어떤 포부가 있는지 등이 궁금할 것 같았다. 그래서 포괄적인 자기소개를 바탕으로 답변을 작성하고 하루 종일 몇 번씩 반복해서 중얼거리곤 했다. 지금까지 혼잣말을 했던 문장보다 길고 고도화되었지만, 지난 한 달간 훈련한 성과 때문인지 생각처럼 어렵지는 않았다. 굳이 난이도를 따지자면 한 달 전 기본 문장으로 말하기를 시작했을 때가 훨씬 어려웠을 정도로 몸이 영어에 익숙해진 것 같았다.

  물론, 문장이 길어진 만큼 힘들기는 했지만, '나'를 설명하는 것인 만큼 조금은 해볼 만하다는 자신감과 용기가 생겼다. **문장에 감정을 담을 수 있는 여유**가 생기면서 특정 상황에 필요한 대화 기술을 배우던 수업 때보다 힘이 실린 영어를 구사할 수 있었다. 감정을 담으니 복잡한 문장을 기억하기도 더 쉬워졌다. 고급스럽고 세련되지는 않지만 전달력도 좋아진 느낌이었다.

  그렇게 또 한 달이 흘렀다. 처음 프로그램 오리엔테이션에서 약 두 달 뒤에 면접이 있을 것이라는 말을 들었을 때는 준비할 시간이 너무 부족하다고 생각했다. 하지만 한 달이라는 시간은 결코 짧지 않았다. 3회 학사 경고라는 절박한 상황과 영어로 혼잣말을 하며 한국어를 거의 사용하지 않았던 환경이 맞물리면서 시간의 활용도가 극대화된 것이다.

  일반 성인은 수면시간을 제외하고 하루 평균 6천 번의 생각을 한다고 알려져 있다. 모든 생각을 영어로 내뱉는다면 6천 개의 문장을 말하는 것이 되고, 한 달로 계산하면 18만 개의 문장을 말하는 것이다. 모든 생각을 영어로 말하기는 불가능하겠지만, 그중 10%만이라도 실천에 옮길 수 있다면 한 달에 약 2만 개의 문장을 영어로 말하는 연습을 하는 셈이다. 확실히 **한 달은 생각보다 긴 시간**이었다.

Cold Calling

 면접을 위한 구직활동을 할 때는 거의 내내 전화를 붙들고 지냈다. 가고 싶은 회사를 골라 연락처를 물색하고 무턱대고 전화를 걸어야 했기 때문이다. 'Cold Calling'이 이처럼 사전 협의 없이 맨땅에 헤딩하는 투박한 방식이라는 것을 그렇게 알게 되었다. 공공 도서관에서 회사를 물색하고 연락처를 알아냈으며, 최대한 문전 박대를 면하기 위해 2~3줄의 고정 멘트를 준비했다.

"Hello, my name is Jay. I'm looking for the person who's responsible for hiring a practicum student."
[안녕하세요, 제 이름은 Jay입니다. 견습생을 담당하시는 분과 통화를 하고 싶습니다.]

매일 60곳 내외의 회사에 전화를 걸었고, 그때마다 앵무새처럼 이 말을 반복했다. 서툰 영어로 다짜고짜 인턴 채용 담당자와 통화를 하고 싶다고 하니 전화를 받은 사람도 황당했을 것이다. 90% 넘는 회사에서 "Sorry, we're not able to hire someone at this moment." [죄송합니다. 저희는 현재 채용을 하고 있지 않습니다]라는 대답이 돌아왔다. 그나마 몇 개의 회사에서는 담당자에게 전달하겠다고 답변하고 전화를 끊었지만, 좀처럼 연락은 오지 않았다. 예상은 했지만 직접 겪으니 더욱 암담했다.

기약 없는 Cold Calling은 계속되었다. 거절하지는 않았지만 다시 연락을 주지 않는 회사의 입장도 한편으로는 이해가 됐다. 바쁜 업무 와중에 외국인이 다짜고짜 인턴십 기회를 달라고 하니 당혹스러웠을 것이다. 점점 궁지에 몰리는 느낌이었고, 차라리 어학연수가 나은 선택이었나, 하는 후회도 밀려왔다. 연수를 다녀온 사람들의 영어 실력이 그다지 성장한 것 같지 않았고 그로 인해 선입견이 생겼지만, 적어도 지금처럼 기약 없는 기다림과 초조함에서 비롯되는 불안은 없었을 것이라고 생각했다.

한편으로는 오기가 생겼다. 단 한 번이라도 기회만 온다면 영혼을 끌어모아서라도 나를 소개하고 싶었다. 설령 캐나다에서 끝내 성과를 내지 못하고 귀국하더라도 서울 시내 한복판에서 지나가는 외국인을 붙잡고 자기소개를 들어달라고 당당히 요구할 수 있을 것 같았다. 다른 것은 몰라도 영어를 대하는 멘탈만큼은 단단하게 단련되고 있었다.

어디든 채용만 해 준다면 열심히 일할 것이라고 공언했지만, 정말 일해보고 싶은 회사는 따로 있었다. 캐나다 제1상업은행인 캐나다 왕립은행(Royal Back of Canada; RBC)으로, 전국 곳곳에 지점을 둔 대형 은행이었다. 프로그램을 마치고 집에 돌아오는 길에 있는 RBC Burnaby 지점을 보며 정장을 입고 고객을 응대하는 나의 모습을 상상하곤 했다.

그리고 집에 와서는 나를 상대로 면접을 연습했다. 단 한 번의 공식 면접 기회도 얻지 못했지만 이미 매일같이 면접을 하고 있었고, 그 상황이 실제인 것처럼 몰입하는 경지에 이르렀다. 홈스테이 주인 내외가 듣는다면 정신이 이상한 학생이 들어왔다고 경계심을 가질지도 모른다는 걱정이 들 정도였다. 집에서 굳이 나와 대화를 하지 않은 것도 그런 우려가 있었기 때문인지도 모르겠다.

며칠이 지난 어느 날, 프로그램 코디네이터를 통해 RBC Burnaby 지점 총괄 매니저인 John이 면접을 승낙했다는 소식을 접했다. 처음 RBC에 연락할 때는 가능성이 전무하다는 생각에 연락 숫자만 채우겠다는 생각이었다. 공학 전공에 영어도 못하는 동양인 학생에게 어떤 일을 맡길 수 있을까? 내가 담당자라도 인턴십 기회를 주기는 쉽지 않을 것 같았다. 그런데 바로 그 지점에서 면접을 제안했고, 더 놀라운 것은 이 면접이 나에게 처음이자 마지막 기회였다는 점이다. 면접 일정이 잡힌 뒤에도 떨어질 경우를 대비해 수백 곳에 전화를 했지만, 단 한 곳에서도 응답은 오지 않았다. 말 그대로 '단 한 번의 기회'였고, 여기에 내 모든 것을 쏟아내고 오겠다고 다짐했다.

면접

면접은 3일 뒤로 정해졌다. 매일 혼자만의 세상에서 몇 번이나 시뮬레이션을 해 본 나였지만, 날짜가 정해지니 그 시간이 너무도 짧게 느껴졌다. 막연히 연락을 기다릴 때는 기회만 주면 잘할 수 있다고 생각했지만, 막상 그 상황이 닥치자 부담이 몰려왔다.

3일의 시간은 빠르게 흘러갔고, 나는 John을 만나러 RBC Burnaby 지점으로 향했다. 평일 오후, 은행은 업무를 보러 온 고객들로 가득했다. 당시 리셉션을 지키던 Maria에게 용건을 말했고, 그녀는 오래지 않아 지점 총괄 매니저인 John과 함께 나에게 다가왔다. 홍콩계 캐나다인이었던 John은 훤칠한 키에 깔끔한 인상이었다. 그의 환한 미소에 나는 조금이나마 긴장을 누그러트린 채 미팅룸으로 들어갔다.

본격적인 면접의 시작은 자기소개였다. 준비한 말을 끝내자 John의 질문이 빗발쳤다. 예상대로 나 자신에 대한 것이 대부분이었다. 내가 누구이며, 성격은 어떤지, 왜 RBC에 전화를 했는지, 캐나다에는 왜 오기로 결심했는지 등을 물어봤다. John은 전화로 인턴십을 하고 싶다는 말을 한 사람도 내가 처음이며, 현지인도 아닌 외국인 학생인 것을 알고 적잖이 놀랐다고 했다. 하지만 매우 신선했고 용기 있는 시도였다는 칭찬도 잊지 않았다.

지금 돌아보면 면접에서 어떻게 대답했는지 잘 기억은 나지 않는다. 하지만 약 20여 분 동안 웃기도 하고 더듬거리기도 하고, 때로는 당당하게 대답하며 마무리했다는 것은 확실하다. 은행을 나와 집으로 오는 길에 갑자기 온몸에 힘이 풀려 공원 벤치에 앉았다. 너무 긴장하고 있었던 탓이다. John은 면접 내내 끝까지 웃으며 나를 대했지만, 그의 매너와 합격은 별개라고 생각했다. 타국에서 온 청년에게 친절을 베푸는 정도는 충분히 할 수 있으니까 말이다.

면접 자체에 아쉬움은 없었다. 실수도 많았고 부족한 부분도 있었지만 주어진 시간 최선을 다했다고 자부했다. 2개월 전, 캐나다에 처음 도착했던 때로 돌아간다고 해도 지금처럼 할 자신은 없었다. 그렇게 나의 Cold Calling은 마무리되고 있었다.

합격

　수백 통의 Cold Calling, 그리고 유일무이했던 면접이 끝나자 수능을 마친 수험생 같은 해방감이 밀려왔다. 휴식을 취하며 길지도, 그렇다고 짧지도 않았던 2개월 반 동안 미친 듯이 달려온 열기를 식힐 필요가 있었다. 합격을 기대한 것은 아니었다. 그저 안부 인사도 제대로 못 하던 내가 현지 은행의 지점에 면접 기회를 얻은 것, 그리고 면접관을 상대로 최선을 다해 나를 소개하고 대화했다는 것으로 충분했다. 캐나다에서 보낸 나의 시간은 그것만으로도 가치가 있었다.

어느 날, 한국에 있는 친구에게 부탁한 우편물이 언제쯤 도착할지 확인하기 위해 메일함을 열었다. 이력서를 보내기 위해 만들었던 'Yahoo Canada'의 메일함에는 스팸 메일이 수북하게 쌓여 있었다. 친구의 메일을 찾기 위해 발신자를 하나하나 꼼꼼히 살펴보던 중, John Wang이라는 이름이 보였다. 머리로 받아들이기도 전에 몸이 먼저 반응했다. 심장이 쿵쾅거리고 손이 떨렸다. 기대하지 않았다는 생각을 부정이라도 하듯, 내 손은 마우스 커서를 메일 제목으로 가져가고 있었다.

"Hello, Jay. You got an internship at RBC. Look forward to seeing you from next Monday."

그렇게 2개월 간의 캐나다 제1은행 인턴십이 시작되었다.

출근

 월요일, 출근을 준비하며 전날 집 근처 마트에서 사 온 넥타이를 매고 거울을 봤다. 난생처음 매 봐서 어색했지만, 감상에 젖어 있을 틈은 없었다. 면접 때와는 다른 긴장감이 나를 감쌌다. 면접은 열심히 원고를 쓰고 수십수백 번씩 읽고 혼잣말로 연습하며 준비했지만, 근무는 실전이었다. 때와 상황에 따라 적절히 대응해야 하는, 총천연색의 상황이 펼쳐지는 공간일 것이라는 생각에 다리가 무겁게 느껴졌다.

 복잡한 마음으로 은행에 도착했고, 영업 시작 20분을 남기고 지점 내 전 직원이 참여하는 미팅이 진행됐다. 쭈뼛거리며 구석에 서 있던 나에게 John이 손짓했고, 그는 인턴십이 어떻게 이뤄질지 간단히 설명했다. 그리고 다른 직원들에게 자기소개와 하고 싶은 말을 해 보라고 했다.

40여 명의 외국인 앞에서 자기소개를 한다는 것에 엄청난 중압감이 밀려왔다. 정신이 아득했고 자꾸 움츠러드는 것 같은 느낌이 들었다. 하지만 그런 내 마음과는 별개로 이미 입에서는 자기소개가 흘러나오고 있었다. 정형화된 대답을 속으로 몇 번씩 되새기면서도 말로는 뱉지 못했던 세 달 전과는 딴판인 나의 모습에 스스로도 놀랄 수밖에 없었다.

보통 자기소개를 하라고 하면 콘텐츠의 내용이 간단하고 길이도 짧다. 화자가 미처 준비하지 못한 상황에서 요청을 받을 때가 많기 때문이다. 하지만 나의 경우는 달랐다. 내가 살아온 시간들과 경험을 담아 수도 없이 연습했던 내용이었다. 모든 직원의 호기심 어린 시선이 내게 쏠려 있었고, 본능적으로 좋은 이미지를 심어줄 기회라는 것을 알 수 있었다.

자기소개의 힘은 엄청났다. 소개가 끝나자 박수가 쏟아졌고, 환영한다는 의미의 휘파람 소리도 들렸다. 몇몇 동료들은 먼저 다가와

악수를 청하며 궁금한 것을 물어보기도 했다. 긴장하지 말라는, 응원의 의미였을 것이다.

하지만 더 큰 소득은 자신감이었다. 나에 관한 내용이 아닌 다른 주제를 화두로 삼는다면 영어로 말하는 것이 매우 서툴고 어설플 때였다. 하지만 지금까지 했던 것처럼 연습하고 준비한다면 충분히 성공할 수 있다는 확신이 생겼다. 종종 대화를 나누면서 **면접 준비 때 연습했던 표현들이 저절로 튀어나오는 것을 경험**하며 인체의 신비에 놀라기도 했다.

첫 직무는 세 아이의 엄마인 Cia라는 중년 여성 행원 옆에서 Teller 업무를 보조하는 일이었다. 보조라고는 해도 내가 거들 일은 거의 없었고, Cia가 고객을 응대하는 모습을 지켜보고 배우는 것이 주된 업무였다.

예상했던 것처럼 현장의 영어는 완전히 다른 세계였다. 흔히 '돈을 쓸 때 하는 영어'와 '돈을 벌 때 하는 영어'는 완전히 다르다고 한다. 돈을 쓸 때 사용하는 영어는 실수가 많거나 어휘 수준이 낮을 수 있지만, 돈을 벌어야 하는 입장에서는 이를 배려하는 영어로 응대한다. 여행지에서 쓰는 영어가 해당 국가에서 일하는 사람들이 사용하는 영어보다 쉬운 것과 같은 원리일 것이다.

그나마 다행인 것은 생각보다 사용하는 영어가 다양하지는 않다는 점이었다. 고객의 내방 목적은 저마다 다르지만, 결국 은행 업무라는 큰 틀에서는 정형화된 프로세스가 존재했다. Cia는 캐나다 토박이였음에도 그녀가 쓰는 어휘는 어느 정도 정해져 있었고, 나도 연습만 하면 일반적인 고객 응대가 가능할 것이라는 자신감이 생겼다.

인턴 시작 후 한동안 Cia의 업무 패턴을 분석했다. 고객을 만나 처음 나누는 인사부터 업무를 처리하며 고객과 나누는 대화, 그리고 마무리 인사까지 전 과정을 시뮬레이션했다. 퇴근 후에는 내가 Cia의 상황이라고 가정하고 연습했다. 마치 난생처음 가보는 곳으로 택시를 타고 가면서 베테랑 택시 기사님이 구간구간 어떤 방식으로 운전을 하는지 주의 깊게 관찰한 뒤, 후에 동일 구간을 스스로 운전할 때 기사님의 운전 기술을 모방하여 운전하듯 말이다. 다행히 생각만큼 Teller 업무가 복잡하지는 않았기에 상황을 구분하고 그에 맞는 말을 익히는 데에 오랜 시간이 걸리지는 않았다. 오히려 업무 외적으로 고객과 소소한 일상 대화를 나누는 상황이 더 어렵게 느껴졌다.

첫 출근 이후 한 달쯤 지났을 무렵 Cia가 설레는 제안을 했다. 자신과 자리를 바꿔서 직접 업무를 해 보라는 것이었다. 직접 고객을 대할 기회였다. 쉽지 않을 것은 알고 있었지만 옆에서 Cia가 도와줄 것이기에 든든하기도 했고, 꼭 도전해 보고 싶기도 했다. '돈을 버는 영어'를 쓴다는 경험은 영어 말하기 실력을 높이는 데에도 많은 도움이 될 것 같았다. 큰 고민 없이 "OK!"를 외쳤다.

하지만 고객 응대는 생각보다도 어려웠다. 인도식, 중국식 억양과 발음은 알아듣기가 어려웠고, 사용하는 어휘의 수준도 사람마다 달랐다. 현지인에게 내가 사용하는 영어도 비슷하게 들릴 수 있겠다는 생각에 이런 부분은 앞으로 영어를 배우고 익히면서 더 신경 써야겠다고 다짐했다.

Cia 덕분에 제법 많은 고객을 만났고, 여러 상황을 맞닥뜨렸다. 예상했던 매뉴얼대로 응대하면 충분한 고객도 있었고, 생각지도 못한 질문으로 나를 당황하게 만드는 고객도 있었다. 제대로 표현하지 못해 아쉬움이 남으면 **퇴근 후 그 상황을 다시 되새겨보며 어떤 말을 했어야 했는지 상대가 있다고 가정하며 연습**했다. 아쉬움이 큰 문장일수록 뇌리에 깊게 남았다. 인간은 느끼는 감정의 크기에 비례해 기억의 우선순위를 결정하는 동물이라는 과학적 이론은 사실이었다.

순식간에 8주의 인턴십 마지막 날이 다가왔다. 언제나처럼 아침 조회가 있었고, John은 짧게 전달사항을 공지한 뒤 나를 앞으로 불러 직원들에게 근무 마지막 날이라는 사실을 전했다. 오래 일했던 것도 아닌데 그새 정이 들었는지 '마지막'이라는 단어에 괜히 울컥했다. 소감을 말해 달라는 John의 요청에 마지막으로 감사 인사를 했다.

> **<캐나다 RBC 업무 종료 소감>**
>
> 이런 자리를 만들어주셔서 감사합니다. 벌써 두 달 가까운 시간이 흘렀다는 사실이 믿기지 않네요. 이곳에 오기 전, 캐나다는 겨울이 추운 나라라고 알고 있었는데, 제가 사는 서울보다도 훨씬 따뜻한 날씨였습니다. 눈은 구경도 못하고 비만 보다가 겨울이 끝난 것 같습니다.
>
> 저는 영어도 서툴고 전공도 공학이었지만, 캐나다 제1은행의 구성원인 여러분과 함께 일할 수 있어 무척 행복했습니다. 한국의 은행과는 다른 캐나다의 은행 문화도 배울 수 있었고, 부족한 영어 실력도 높일 수 있었습니다.
>
> 제 점심 도시락에 항상 케첩이 있어서 케첩을 좋아한다고 알고 계신 분이 많은 것 같습니다. 하지만 케첩은 항상 샌드위치만 먹다 보니 느끼해서 챙기는 것입니다. 사실 케첩을 그다지 좋아하지는 않습니다.

가장 가까운 곳에서 실수도 많고 고객과의 의사소통에서도 어려움을 겪은 저를 든든히 지원해 준 Cia에게 정말 감사드립니다. 때로는 엄마처럼, 때로는 친구처럼 대해 주셔서 고마웠습니다. 그리고 이 기회를 주신 John에게도 감사합니다. 당신이 아니었다면 RBC 직원들과 함께 일할 기회조차 갖지 못했을 것입니다. 다시 한번 감사드립니다.

오늘을 끝으로, 여러분들이 'Korean Smile Guy'라고 별명을 붙여 주신 저는 이제 한국으로 돌아가겠습니다. 감사합니다.

Thank you for making this place. I can't believe it's been almost two months already. Before coming to Canada, I thought it would be a very cold country, but it was actually warmer than Seoul where I live in. Instead of seeing snow, I mostly saw rain, and it feels like winter has already ended.

Even though I'm not very good at English and my major is in engineering, I was so happy to work with everyone at RBC, Canada's number one bank. I was able to learn about the banking culture in Canada, which is different from Korea, and it helped improve my English skills.

Many people think I really like ketchup because I always brought it with my lunchbox. But the reason I brought ketchup was that I got tired of eating just sandwiches and wanted to add some flavor. I don't actually like ketchup that much.

I made a lot of mistakes and had difficulties in communicating with customers, but Cia, who supported me, was like a mother and a friend to me. I'm really grateful for her. And I want to thank John for giving me this opportunity. If it weren't for you, I wouldn't have had the chance to work with RBC employees. Thank you again. Lastly, I will now return to Korea as "Korean smile guy," the nickname you gave me. Thank you!

처음 면접 준비를 할 때처럼 이번 소감도 미리 준비해둔 것이었다. 하지만 자기소개 때와는 달리 문장 하나하나를 반복해서 말하며 외우기보다는 큰 틀에서 전달하고 싶은 메시지에 중점을 두었다. 8주 동안 사람들과 부대끼며 익숙해진 탓이었을까, 원하는 말을 하기가 크게 어렵지는 않았다. 내게 기적 같은 인턴십 기회를 준 John, 미숙한 업무처리에도 스스럼없이 도와준 동료들에게 꼭 고맙다는 말은 하고 싶었다. 모국어가 아니어도 괜찮았다. **내 감정이 진정성 있고 강할수록 내가 하는 말은 유창함과는 무관하게 힘을 가졌다.** 말에 힘이 실리면 전달력도 높아진다는 것을 느낄 수 있었다.

귀국, 그리고 그 후…

그렇게 반 년이 채 안 되는 캐나다 생활을 끝내고 학교로 돌아온 나는 하루라도 빨리 사회생활을 하고 싶다는 열의에 불타올랐다. 하지만 입학 이후 세 번의 학사경고로 물든 성적이 내 발목을 잡았다. 남은 5학기 동안 죽기 살기로 매달리며 구멍 난 학점을 메웠고, 방학 때도 계절학기를 수강하며 성적을 올리는 데에 힘썼다.

4학년이 되고 본격적으로 취업 준비를 시작했다. 웬만한 회사들은 TOEIC 점수를 요구했고, 아무런 준비 없이 치른 시험 성적은 시원찮은 수준이었다. 문제집을 사고 시험 유형을 파악했다. 캐나다에서 회화를 할 때는 접하지 못했던 단어와 문장이 처음에는 낯설게 느껴졌지만 곧 익숙해졌다. 이후 치른 TOEIC 시험에서는 900점 후반대의 점수를 받았다. 충분한 공인 성적을 확보한 뒤 여러 회사에 지원했고, 최종적으로는 현재 직장에서 근무를 시작했다. 엔지니어로 근무한 첫 부서에서 영어로 말할 기회는 거의 없었다.

그리고 입사 2년 차, 인사 가점을 받을 수 있는 영어 점수는 TOEIC과 같은 필기시험에서 스피킹 시험으로 바뀌었다. 필기시험에서 좋은 성적을 받아도 실생활의 말하기 실력으로 연결되지는 않는다는 사회적 인식이 커지던 시기였다.

실제로 TOEIC 고득점으로 사내 외국어 평가 기준 최고 가점을 획득한 사람들은 많았지만, 실제로 접한 이들의 영어는 인정할 만한 수준이 아닐 때가 많았다. 긴 지문을 읽고 주어진 문제의 정답을 찾는 데에는 탁월했을지 모르지만, 외국인 엔지니어나 고객에게 회사의 제품과 기술에 대한 설명을 해야 할 때는 꿀 먹은 벙어리가 되곤 했다. 회사에서도 이런 현상을 인지하고 평가 기준을 바꾼 것이었다.

스피킹 시험 출시 초창기였기에 정보가 많지 않았다. 그래서 TOEIC 시험을 처음 봤을 때처럼 일단 부딪혀 보기로 했다. 내 선택은 온라인으로 화면 속의 인물이 묻는 질문에 답하는 방식의 OPIc

었다. 테스트 전 설문 응답으로 수집한 정보를 바탕으로 자기소개, 임의의 상황에 대한 설명, 대처 방식, 과거의 경험 등 다양한 질문이 나왔다. 간혹 한국어로도 조리 있게 답하기 어려운 질문들이 나왔다. 이럴 때면 영어 실력과 더불어 순발력도 중요하다는 생각이 들기도 했다.

첫 시험에서는 2등급을 받았다. 영어 말하기에는 자신이 있었음에도 최고 등급을 맞지 못한 이유를 분석했다. 최적의 정답을 말하려다가 답변이 지체된 것이 감점 요인으로 작용한 것 같았다. 어차피 돌발 상황에 대한 질문은 계속 나올 것인 만큼 정답은 아니라 할지라도 대화가 끊어지지 않도록 최대한 자연스럽게 대답하기로 전략을 수정했다. 이 전략이 들어맞았는지, 바로 1등급을 획득할 수 있었다.

회사에서도 쓸 일은 거의 없었지만 영어를 놓지는 않았다. 회사에서 생산하는 반도체는 대부분 미국을 비롯한 전 세계로 판매되고 있었기에 언젠가 영어를 사용하는 영업 활동을 해보고 싶었다. RBC에서 인턴십을 할 수 있었던 것처럼 나만의 방식으로 연습하고 준비한다면 해외 영업도 충분히 잘할 수 있을 것이라는 확신이 있었다.

미드 등을 보며 평생 쓸 일이 없을 수도 있는 표현을 익히기보다는 시간이 날 때마다 내 생각과 행동 등을 영어로 말하는 연습을 했다. 가끔은 내가 경험하고 싶은 상황, 예컨대 영업직이라면 어떤 생각을 하며, 누구를 만나 무슨 말을 할지 등을 연습하기도 했다. **꼭 해보고 싶다는 강한 열망이 내 영어에 생명력을 불어넣는다는 느낌**이 들었다. 감정이 실린 연습은 이후 실제로 영업 업무를 할 때 진가를 발휘했다.

여기까지가 25살부터 지금까지 내가 영어 말하기 기술을 익혀 온 과정이다. 초등학교, 아니 유아기부터 영어 유치원을 다니면서 영어를 배우기 시작하는 요즘 트렌드에 비하면 꽤 늦은 나이였다. 우리나라의 정규 교육과정에서 쭉 배워 온 만큼 영어를 못하지는 않는다고 착각하기도 했다. 할 기회가 없었을 뿐, 외국인을 만나거나 상황이 닥치면 꽤 잘할 수 있을 것이라고 생각했던 것이다.

대학교에 입학한 뒤에도 크게 다르지 않았다. 종종 영어를 쓸 수 있는 상황이 있었지만 굳이 나서지 않았고, 그것을 기회가 없었다는 말로 합리화했다. 또 하나의 착각은 외국에서 생활하면 당연히 영어 말하기 기술이 향상될 것이라는 생각이었다. 물론 해당 언어권 국가에서 거주하면 한국에만 있는 것보다 어학 능력을 높이는 데에 도움이 되는 것은 사실이다. 하지만 이는 간단한 의사소통 정도의 수준이며, 그 이상을 바란다면 외국 단기 거주는 해결책이 될 수 없다.

나는 단순히 외국에 체류하는 것보다 영어 말하기를 잘 하는 데에 훨씬 효율적이고 효과적인 방법이 있다고 확신한다. 굳이 간단한 의사소통 기술을 배우기 위해 피 같은 돈과 시간을 들여 해외로 떠날 필요는 없다.

"그래도 당신은 5개월 동안 영어권 국가에서 영어를 배우고 사용했잖아요?"

혹자는 이렇게 반문할지도 모른다. 물론 맞는 말이다. 나는 캐나다에서 5개월여의 시간을 보내며 인턴십까지 경험했다. 하지만 인턴십 기회를 얻기까지, 그리고 근무하면서도 내가 했던 훈련은 대부분 한국에서도 충분히 할 수 있다. 이 길을 먼저 간 사람이 내게 방법을 알려줬다면 굳이 캐나다로 떠나지는 않았을 것이다.

시간과 여유가 충분하고 간단한 의사소통 능력을 갖추는 것이 목적이라면 당장 영어권 국가로 가는 비행기 티켓을 끊고 떠나면 된다. 하지만 몇 개월이라는 시간을 할애하기 어렵고 비용도 부담이 된다면, 그리고 간단한 의사소통을 넘어 더 높은 수준의 영어를 구사하는 것이 목적이라면 이 책을 더 읽어보라고 권하고 싶다. 여유가 있더라도 그 자원을 효율적으로 쓰고 싶은 분들도 마찬가지다.

STEP 1

영어 말하기
안전 교육

영어 말하기 면허

영어 말하기 안전 교육에 들어가며

본격적으로 시작하기에 앞서, 꼭 기억해야 할 내용이 있다. 앞서 언급한 것처럼 '개념'을 바꿔야 한다는 것이다. 영어는 지식을 습득하는 '공부'의 대상이 아니다. 우리는 정규 교육과정을 거치면서 수학, 과학 등의 과목처럼 영어 역시 학습의 대상으로 인식해 왔다. 그 결과 영어도 공부를 통해 배워야 한다는 인식이 뿌리 깊게 자리 잡았고, 이 잘못된 개념으로 인해 영어를 익힐 시간이 충분했음에도 막연한 공포감을 갖게 된 것이다. 용기를 내어 '공부'를 시작하더라도 금방 포기하기 일쑤인 이유이기도 하다.

그렇다면 어떻게 영어 말하기를 배우고 실력을 향상해야 할까? 프롤로그에서 살펴본 것처럼 **입을 사용해 방법을 익히고, 연습을 반복하며 경험을 축적**해야 한다. 면허를 취득한 뒤에도 직접 운전대를 잡고 계속 차를 몰아 봐야 운전 실력이 느는 것과 마찬가지다. 모든 운전자의 공통점은 각자의 목적지에 도착하겠다는 목표가 있다는 것이다. 다만 사람마다 목적지와 운전을 하는 이유, 도로 상황, 주어진 시간 등은 다를 수 있다.

영어 말하기도 다르지 않다. 영어로 말할 줄 아는 사람들을 보면 각자의 상황은 다르지만 **일정 시간과 노력을 들여 영어를 써 왔다는 공통점**이 있다. 영어가 모국어가 아닌 사람들은 그렇게 영어 말하기를 익힌다. 이들은 우리가 흔히 들었던 이른바 '핵심 문장'으로 실력을 쌓지 않는다. 내가 가고자 하는 목적지를 향해 차를 모는 운전자처럼 자기가 말하고자 하는 내용을 영어로 표현하는 데에 주력했을 것이다.

말하고자 하는 내용을 영어로 할 수 있는 환경, 즉 이민이나 유학 등을 경험할 수 있는 사람은 그리 많지 않다. 하지만 굳이 이런 환경에 놓이지 않더라도 충분히 영어 말하기를 잘할 수 있는 방법은 있다. 일단 본격적인 '코스'에 들어가기 전에 먼저 '영어 말하기 안전 교육'을 받아야 한다. 운전면허를 취득할 때 교통안전 교육을 받아야 하는 것과 같다. 앞으로 나올 영어 말하기 기술 향상법을 따라야 하는 이유와 원리를 알아야 효과적으로 습득하고 적용할 수 있기 때문이다.

안전 법칙 1.
영어 말하기 습득에 관한 개념 바꾸기

영어로 말을 하려면 '영어 공부'를 해야 한다고 생각하는 사람이 많다. 영어를 학문적인 측면에서 접근하는 것이다. 학창 시절 시험 공부를 했던 것처럼 책상에 앉아 강의를 듣고 밑줄을 쳐가며 필요한 내용은 암기를 하고, 문제를 풀면서 지식을 쌓는다. 하지만 여기서부터 문제가 생긴다. 특히 학업에 큰 관심이 없었던, 다른 분야에 더 재능이 있었던 사람들에게는 매우 치명적이다. 영어를 '공부'한다는 것에 막연한 거부감이 생기기 때문이다.

"어려울 것 같은데 할 수 있을까? 나는 공부를 못하니까 영어도 못하는 것이 당연하지, 뭐."

각종 부정적인 생각이 꼬리에 꼬리를 물고, 못할 수밖에 없는 이유를 먼저 찾는다. 본격적으로 시작하기도 전에 실패를 정당화하는 데에만 혈안이 되는 것이다. 이런 잘못된 고정관념은 잘할 수 있는 가능성을 원천적으로 차단한다.

이런 상황에서 '남들 다 하니까 나도 해야지.'라는 압박감에 꾸역꾸역 '공부'를 시작한들 제대로 될 리가 없다. 조금만 힘들고 어렵게 느껴지면 마음속에 자리 잡은 '영어가 안될 수밖에 없는 이유'로 자신을 정당화하며 결국 포기하고 만다.

다시 한번 강조하지만, 영어 말하기는 학문적 개념으로 접근해서는 안 된다. 학문이 아니라 **일종의 행동 습득에 해당하는 영역**이기 때문이다. 이것은 '언어'의 특성과도 직결된다. 어려운 수식 계산을 못하는 사람, 운동 신경이 떨어지는 사람, 그림을 못 그리는 사람은 많지만 말을 못 하는 사람은 거의 없다. 언어는 학문이 아니라 행동의 영역이며, 머리가 아닌 몸으로 익히는 영역이라는 점을 기억해야 한다.

영어 말하기는 학문이 아니기에 지식을 함양한다고 실력이 늘지 않는다. '지식'은 뇌의 지적 영역을 사용해 특정 대상을 이해하고 기억하는 것을 의미한다. 하지만 말은 발화 기관인 구강을 통해 의미가 담긴 소리를 내는 '행동'이기에, 연구하고 탐구하고 문제를 푼다고 해서 의미를 담은 말을 할 수는 없다. 한 번이라도 입 밖으로 소리를 내어 보고, 시행착오를 겪으며 계속 의미 있는 소리를 만들어 봐야 몸이 기억하고 사용할 수 있다.

안전 법칙 2.
감정이 담긴 표현하기

　서점에 가 보면 영어 관련 교재는 너무나 많다. 영어권 국가에서 많이 사용하는 말을 모아 놓은 패턴 학습 서적부터 한동안 유행했던 섀도잉(shadowing, 영어를 들으면서 바로 따라 하기)을 위한 대본에 이르기까지 분야도 다양하다. 물론 이런 교재들이 시중에 나오기까지 여러 전문가들이 고민하고 연구했겠지만, 치명적인 한계는 존재한다. 교재에 등장하는 수많은 상황은 **학습자인 내가 겪는 상황이 아니라는** 점이다.

　성인보다 지적 능력이 떨어지는 유아나 아이들도 모국어는 빠르게 습득한다. 물론 영어는 우리의 모국어가 아니기에 동등한 수준에서 비교하기에는 무리가 있다. 하지만 어린아이가 처음 말을 배우는 상황과 동기를 살펴보면 효과적인 언어 습득을 위한 실마리를 찾을 수 있다.

막 말을 배우기 시작하는 아이들은 자연스럽게 말을 해야 하는 맥락과 상황을 경험한다. 이때 언어는 '생존'과 직결되기에 당연히 그 상황이 머리에 각인될 수밖에 없다. 언어에 서툰 아이들은 여러 감정을 느끼며 욕구 해소에 불편함을 느낀다. 그래서 '엄마', '배고파.', '졸려.', '싫어.' 와 같이 가장 먼저 배우는 말은 생존과 연결되어 있다. 이런 말은 반복적으로 사용하게 되며, 당연히 가장 빠른 습득으로 이어진다.

생존과 직결되는 상황에서는 강한 감정이 동반된다. 어떤 말이 생존에 유리한지 본능적으로 깨닫고, 성장하면서 더 다양한 상황을 마주하며 어휘를 늘려간다. 날씨나 허기 등 기본적인 표현을 넘어 자기 생각과 감정을 더욱 구체적으로 표현하는 능력을 익히면서 자연스럽게 말하기 능력도 성장한다. 요컨대, 감정을 느끼는 범위가 늘어나면서 자기 의사를 전달하고 싶은 욕구도 커지는 것이다.

유아, 어린이, 사춘기 등 성장과정에 따라 사람이 느끼는 감정들은 달라진다. 성인이 된 후에도 대학생이 느끼는 감정과 직장인이 느끼는 감정은 다르다. 감정의 범위가 넓어질수록 구사해야 하는 언어도 다양해지며, 사람은 성숙해진다. 언어는 이처럼 성장의 의미를 담고 있다.

여기서 주목해야 하는 것은 **감정의 중요성**이다. 희로애락을 막론하고 감정이 수반되는 상황은 다른 상황보다 오래 기억된다. 다르게 말하면, 오래 기억에 남는 순간들은 그만큼 감정이 강하게 작용한 상황이었을 것이다.

하지만 영어 말하기를 할 때는 모국어가 아니기에 한두 단계 정도는 수준을 낮춰 시작해야 익히기 쉽다. 영어 말하기 기초가 얕은 상태에서 일상적인 한국어 수준으로 영어 문장을 구성하는 것은 매우 어렵다. 문장이 입에 익숙해지는 데에도 많은 시간이 걸리며, 어려운 단어와 복잡한 구조로 이루어진 문장은 실생활에 잘 쓰이지도 않는다. 되도록 쉽고 간단한 문장으로 시작해 몸이 적응할 수 있는 시간을 주어야 한다. 그렇게 영어 문장이 입에 붙으면 성취감을 느끼고 자신감을 갖게 된다. 이런 선순환 속에서 점차 난이도를 높여 다음 단계로 넘어가야 한다.

운전도 마찬가지다. 초보운전자가 F1 레이싱에서나 쓸 법한 현란한 운전기술을 구사하는 것은 사실상 불가능하다. 기술을 익히는 데에도 상당히 오랜 시간이 걸리며, 완벽하게 배워 써먹어야 한다는 스트레스도 많을 것이다. 이런 압박은 자신감과 의욕을 떨어뜨리고 나아가 중도 포기할 가능성을 높인다.

그러니 영어 말하기를 익힐 때 너무 조급해서는 안 된다. 내가 하려는 말을 최대한 쉬운 영어로 바꾸는 데에 집중해야 한다. 차근차근 과정을 밟아 나가다 보면 자신도 모르는 사이에 실력이 엄청나게 향상된 것을 느낄 수 있을 것이다.

일상에서 어느 정도 수준의 한국어를 사용하는지 생각해 보자. 기사나 뉴스, 시사 다큐멘터리에 쓰이는 말은 아닐 것이다. 나에게는 결코 일어나지 않을 사건들로 가득한 각종 누아르나 액션, SF 드라마나 영화에서 등장인물들이 사용하는 말도 아니다. 영어 말하기의 가장 큰 목적은 **필요할 때 상대방에게 내 생각을 자신 있고 편안하게 전달하는 것**이라는 점을 꼭 기억해야 한다.

누구나 평소 자주 쓰는 단어와 문장이 있다. 말뿐 아니라 글을 쓸 때도 각자의 방식이 묻어 있는 필체와 문구를 사용한다. 그렇기에 얼굴을 보지 않고 말투나 필체만으로도 누구인지 짐작할 수 있다. 영어도 마찬가지다. 수많은 표현 중에서도 무의식적으로 자주 사용하는 단어나 문장, 어투가 존재한다. 그리고 아이러니하게도 영어를 많이 할수록 이 익숙한 것들을 더 자주, 많이 쓰게 되는 고착화 현상이 일어나게 된다.

수백 가지 패턴의 문장을 모두 외웠다고 가정한다면 적재적소에 필요한 패턴을 꺼내 효과적으로 사용할 수 있을 것 같지만, 현실은 그렇지 않다. 의사소통을 하는 데에 크게 불편하지 않은 범위 내에서 몇 가지 익숙한 패턴을 응용해 말하게 된다.

그렇다면 어떤 소재로 말하기를 해야 할까? 사람에 따라 다르겠지만, 초기 단계에는 화자인 내 일상으로 시작하면 된다. 아침에 일어났을 때의 생각, 어떤 음식을 먹고 싶은지 등 단순한 문장으로 표현할 수 있는 것이 좋다. 여기에 익숙해지면 자신에게 질문을 던지고 그에 대한 대답을 만들 수 있다. '요즘 내가 가장 관심 있는 분야가 무엇일까?', '복권에 당첨되면 상금을 어떻게 쓸까?', '내 이상형은 어떤 사람일까?'와 같은 주제로 확장해 보자. '나'를 주인공으로 하는 이야기들인 셈이다. 가족, 친구들과 편하게 대화할 수 있는 소재도, 즐거운 상상의 나래를 펼쳐보는 것도 모두 가능하다.

예로 든 것처럼, 이런 이야기의 주제에는 제한도, 한계도 없다. 내 감정과 생각을 넣을 수 있다면 뭐든 괜찮다. 내 감정이 담긴 나만의 이야기로 '하고 싶은 말'을 만들어 보자.

안전 법칙 3.
머리가 아닌 입을 훈련하기

 운전에 능숙한 사람은 보통 오랜 운전 경력을 보유하고 있다. 수십 년 경력의 택시 운전기사님들은 운행 반경 구석구석, 과장을 조금 보태면 언덕배기 골목길까지 속속들이 꿰고 있을 정도다. 오랜 경력 기간 동안 사고를 낸 적도 있을 테지만, 이런 모든 경험을 통해 자기만의 노하우와 기술을 체득했을 것이다.

 운전은 머리가 아니라 몸으로 하는 것이다. 액셀과 브레이크를 어느 정도 밟아야 가속과 감속이 원하는 대로 이루어지는지 알려면 다양한 상황에서 수백, 수천 번 밟아봐야 한다. 전공서적으로 자동차의 구조를 익히고, 평행 주차의 공식을 달달 외운다고 하더라도 직접 운전을 하지 않으면 실력이 늘리 없다. **머리는 알지만 몸이 모르기 때문**이다.

영어 말하기도 마찬가지다. 영어를 많이 말해본 사람이 말을 잘하는 것은 당연하다. 모국어인 한국어만 봐도 유명한 강연자들이 지금과 같은 능수능란함을 갖추기까지는 피나는 연습이 선행되었을 것이다. 강연에 쓰는 수많은 단어, 어구, 문장을 반복해 연습하며 머리가 아니라 입을 훈련한 것이다.

이렇게 반복 숙달한 기술은 더욱 고급스럽고 자연스러운 스타일로 체득되며, 수많은 돌발 상황을 맞닥뜨린 경험은 민첩한 순발력으로 임기응변을 발휘할 수 있게 한다. 역사적으로도 인류의 미래를 바꿀 만큼 탁월한 천재들 중에도 언어가 미숙한 사람이 많았다. 언어 실력이 지능과 직결되지는 않는다는 방증이라고 할 수 있다.

안전 법칙 4.
내가 원하고 나에게 필요한 이야기를 하기

요즘은 과거와는 비교도 할 수 없을 정도로 많은 영어 콘텐츠가 쏟아져 나온다. **'영어 공부'**를 하겠다고 결심하고 간 서점의 선반에는 수많은 책이 빼곡히 꽂혀 있다. 한 달 안에 영어를 정복하겠다는 야심으로 단기 속성 영어 마스터 비결이 담긴 책을 들춰보기도 하고, 화려하고 예쁜 표지 디자인에 혹해 책을 뽑아 들기도 한다. 그럴듯해 보이고 전문성이 있어 보이는 두꺼운 영어 원서를 꺼내 휘리릭 페이지를 넘겨보기도 한다. 그렇게 심사숙고 끝에 한 권을 고르고 나면 뿌듯하고 든든한 기분에 열심히 공부하겠다는 의욕이 샘솟는다.

 집에 오자마자 책상에 앉아 책을 펼치면 주옥같은 단어와 문장들이 눈에 들어온다. 한 자 한 자 곱씹으며 읽다가 어디선가 본 적이 있거나 익숙한 문장을 발견하면 지금까지 허투루 '영어 공부'를 한 것은 아니라는 것에 괜히 뿌듯해진다. 그리고 내가 아는 것을 또 발견할 수 있지는 않을까, 하는 기대감을 가지고 공부를 이어간다.

 이런 공부는 운전면허증을 따기 위해 버스나 택시, 혹은 친구가 모는 차를 타고 운전 연습을 했다는 말과 다르지 않다. 내가 가고자 했던 것과는 다른 길을 선택해 가는 차 안에서 운전대 한번 잡아보지 않고 말이다. 물론 이론적으로 불가능하지는 않다. 머릿속으로 자신이 운전하는 모습을 수없이 시뮬레이션해 몸에 완벽히 체화한다면 처음 운전대를 잡자마자 매 순간마다 필요한 기술을 응용해 써먹을 수 있을 것이다. 하지만 실제로 이렇게 할 수 있는 사람은 거의 없다고 확신한다.

 막연하고 나의 현실과는 동떨어진 상황을 가정한 책 속의 각종 표현들은 내가 다시는 가지 않을 가능성이 높은 길과 다르지 않다. 내가 자주 가는 길, 내가 가야 하는 길로 운전을 해야 숙련도도 높아지고 운전 실력도 실전에서 활용할 수 있을 정도로 향상된다. **영**

어 말하기 역시 내가 하고 싶은 이야기, 나에게 필요한 이야기로 연습해야 한다. 다른 사람이 정해 놓은 길로만 간다면 영원히 내가 원하는 길에 온전히 들어서기는 어려울 것이다.

안전 법칙 5.
발음을 잘하는 사람 = 흉내를 잘 내는 사람

 영어 말하기를 굉장히 잘 하는 친구가 한 명 있다. 능력도 있어서 지금은 세계 금융 중심지라고 불리는 월스트리트에서 최고의 투자은행 중 한 곳의 애널리스트로 근무 중이다. 그 친구는 대학교 1학년까지만 한국에서 마친 뒤 미국 대학으로 옮겨 졸업했고, 이후 귀국해 한국에서 5년 동안 직장 생활을 한 뒤 다시 미국으로 떠났다. 개인적으로는 원어민과 비슷한 수준의 영어를 구사한다고 생각한다. 여기까지만 보면 이런 의문이 들 수 있다.

 "영어권 국가에서 대학 4년을 다녔으면 영어를 잘할 수밖에 없지 않나?"

단언컨대 반드시 그렇지는 않다. 사회생활을 하며 영어권 국가에서 대학을 졸업한 사람들을 많이 만났지만, 그 친구만큼 능수능란하게 영어를 하는 사람은 거의 없었다. 그렇다면 이 친구가 그렇게 영어 말하기를 잘하게 된 비결은 무엇일까?

그 친구의 강점은 남을 흉내 내는 기술, 즉 성대모사 능력이었다. 함께 술자리라도 하는 날이면 동석한 사람들은 그 친구의 말 한마디, 행동 하나에 배꼽을 잡고 자지러지듯 웃음을 터트린다. 성대모사 대상은 남녀노소를 가리지 않는다.

가만히 지켜보니 그 친구는 관찰력이 매우 좋았다. 게다가 기억력도 뛰어나서 몇 년 전 어떤 자리에서 무슨 이야기를 나누었는지, 누가 무슨 옷을 입고 있었는지도 묘사할 정도였다. 영어를 원어민처럼 구사하는 데에도 이런 관찰력과 기억력이 큰 역할을 했을 것으로 보인다.

즉, 자신이 보고 들은 원어민의 억양, 표현, 몸짓 등을 세밀하게 관찰하고 기억했다가 영어를 할 때 활용하는 것이다. 오랜 연인이나 부부를 보면 말이나 행동이 비슷해 보이는 경우가 있다. 서로를 가까이서 관찰한 것이 은연중에 스스로에게 영향을 미친 것이다.

관찰하고 기억한 것을 처음에는 의식적으로 모방하더라도 나중에는 몸에 익어 자연스러워질 수 있다.

성대모사를 할 줄 모른다고 해서 영어도 못한다고 생각할 필요는 없다. 섬세한 관찰과 충분한 연습이 수반되면 영어 말하기 실력은 향상될 수 있다. 아이들은 부모나 친구, 선생님 등 주변 환경의 영향을 받으면서 무의식적으로 모국어를 배운다. 인간은 누구나 **모방 기술을 본능으로 갖고 있다.** 발음을 잘 하고 싶다면 좋은 표본을 따라 하며 연습하면 된다.

운전 연수로 예를 들어 보자. 두 명의 선생님 중 한 명을 선택해야 한다. 한 사람은 30년 넘게 고급 세단을 운전한 기업 총수의 운전기사 경력을 갖고 있으며, 한 명은 오락실 레이싱 게임만 해 본 초보 운전자다. 선생님 없이 혼자 자기만의 방식으로 연습할 수도 있다. 어떤 방식을 택하는 것이 나의 운전 실력을 높이는 데에 도움이 될지는 정해져 있다. 영어 말하기도 좋은 표본을 따라 하며 연습한다면 발음, 억양, 자연스러움 등 모든 분야에서 크게 성장한 자신을 확인할 수 있을 것이다.

안전 법칙 6.
번역하지 않고 바로 나오는 영어 구사하기

　도로에서 운전을 할 때 모든 상황을 고려하고 순서대로 생각한 뒤 판단하는 사람은 거의 없다. 앞 차를 추월하는 상황에서는 사이드 미러로 옆 차선을 살피고 깜빡이를 넣은 뒤 액셀을 밟아 가속하는 상황이 거의 동시다발적으로, 물 흐르듯 자연스럽게 이루어진다. 고작 몇 초에 불과한 긴박하고 짧은 시간에 추월이 이루어진다.

　모든 상황을 단계적으로 구분하고 하나씩 해나간다면 어떨까? 옆 차선을 살핀 뒤 지금까지의 경험을 동원해 머릿속에 시뮬레이션을 해 본다. 뒤차와의 거리가 충분하다는 판단에 추월이 가능하다는 결론을 내린 뒤 깜빡이를 넣는다. 전후좌우 차량이 내 차선 변경 의사를 인식할 만큼 시간이 지난 뒤 차선을 바꾼다. 그리고 추월을 위해 엑셀을 밟으면서 서서히 앞차보다 빠른 속도를 내면서 앞지른다.

운전하며 마주치는 모든 순간에 이렇게 대처한다면 정신적 에너지 소모도 막대하며, 속도 역시 지체될 수밖에 없다. 본인뿐 아니라 주변 차량의 운전자들도 피로도가 쌓이며, 작은 판단 실수나 찰나의 타이밍을 놓치는 것만으로도 혼란을 야기하고 심한 경우 교통 정체나 사고로 이어진다.

영어도 마찬가지다. 많은 사람들이 영어 한 마디를 하기 위해 한국어로 문장을 만든 뒤 머릿속에서 영어로 번역하는 작업을 거친다. 그리고 그 문장이 문법적으로 맞는지 점검하고, 말할 때도 각 단어나 음절의 발음이 어때야 하는지, 연음이나 묵음은 어떻게 발음할지 생각한 뒤 입으로 내뱉는다. 대화 상대는 한 마디를 듣기 위해 한참을 기다려야 하는 상황에 점점 지쳐간다.

더 큰 문제는 이렇게 심혈을 기울여 만든 문장도 원어민이 듣기에는 어색한 '번역투'일 가능성이 높다는 점이다. 외국인이 한국을 여행하는 TV 프로그램을 보면 소통을 위해 번역기를 사용하는 장면을 많이 볼 수 있다. 이들이 전달하고자 하는 말을 번역기에 입력

하지만, 원래 의도와는 동떨어진 번역에 피식 웃음이 나곤 한다. 번역투 영어를 원어민이 들을 때도 크게 다르지 않을 것이다.

운전 기술은 다양하지만 자주 쓰는 것은 그리 많지 않다. 기본이 되는 기술 중 사용 빈도가 높은 것 위주로 상황에 따라 응용, 변형하여 사용하는 것이 일반적이다. 영어도 마찬가지로, 한글과는 다른 영어의 어순을 숙지한 뒤 기본 문장으로 단련하고 상황에 맞춰 응용하면 된다. 여러 번 생각한 뒤 번역하고 올바른 문장인지 검토해서 말하라는 의미가 아니다. 기본이 잘 갖춰지면 길게 생각하지 않고도 자연스럽게 말이 흘러나온다. 기본만 잘 갖춰 놓으면 그 위에 장식하고 꾸미는 것은 자유자재로 응용해 구현할 수 있다.

안전 법칙 7.
나만의 이야기 만들기

영어 말하기 기술을 익힐 때 '나의 이야기'를 하는 것은 매우 중요하다. 사람들은 각자 가진 생각이 다르다. 심지어 같은 상황에 처하더라도 각자 다르게 해석하고 대처하는 방식도 다양하다. 그렇기에 나의 감정과 생각, 해석은 자기가 원하는 말 하기를 위한 핵심 요소라 할 수 있다.

필자는 직장에서 반도체 영업 직무를 수행하며 다양한 고객과 많은 이야기를 나눈다. 고객과의 협상 과정에는 늘 어려움이 따른다. 가격 변동, 물량 조절, 계약 조건 등 화제도 다양하며, 고객의 요구

역시 매번 다르다. 기본 원칙은 회사의 이익을 극대화하는 것이지만, 그런 상황에 처할 때마다 필자의 감정은 요동친다.

한가한 날에는 가상의 상황을 만들고 혼자 대화를 나눠 본다. 상대가 없으니 어떻게 말해도 상관이 없다. 과거에 익힌 표현을 써 보기도 하고, 대단한 협상가라도 된 것처럼 자신만만하고 여유로운 척 연기를 하기도 한다. 상황에 몰입할수록 감정도 강하게 개입하며, 여기서 사용해 보는 표현은 더욱 빠르게 몸에 흡수된다.

물론 초기에는 어려운 부분이 많을 것이다. 초보자가 숙련된 택시기사님처럼 운전하기 힘든 것과 마찬가지다. 하지만 기본적인 기술을 익힌 뒤에는 어색하지만 조금씩 입을 뗄 수 있다. 아기가 처음 두 발로 서고 조금씩 무게중심을 옮기며 걷는 방법을 익히는 것과 같이 우리의 몸도 영어 말하기에 적응하고 배워가는 중인 것이다. 이런 과정을 반복하다 보면 결국 익숙해지며, 이후에는 경험을 쌓는 시간이 시작된다.

누차 강조하지만, 지식을 얻는다는 마음으로 접근하면 영어 말하기는 필패한다. 시간을 투자해 발화 기관을 단련하고 익숙해져야 영어 말하기 실력이 향상된다. 누구에게나 시간은 소중하지만, 무언가를 얻기 위해서는 투자가 선행될 수밖에 없다. 이때 어쩔 수 없이 들어가는, 즉 매몰비용으로서의 시간을 최소화하는 최선의 방법은 좋은 재료를 활용해 올바른 방법으로 연습하는 것이다. 여기서 '좋은 재료'가 바로 '나의 이야기'다.

안전 법칙 8.
효과를 볼 수 있는 영어 큰소리로 읽기

책을 많이 읽으면 말주변이 는다고 한다. 다양한 주제와 표현을 접하면서 표현력이 좋아진다는 의미인데, 이것은 모국어와 같이 충분한 구사력을 갖춘 언어에 해당되는 말이다. 언어 체계를 갖추지 못한 외국어와는 경우가 다르다. 직접 표현해 보는 과정 없이 영어 원서를 읽고 드라마나 영화를 본다고 해서 영어 말하기 실력이 유창해질 것으로 기대하기는 어렵다.

안정적이고 능수능란한 주행 영상을 보고 이해한 사람이 실제 도로 주행을 해본 운전자만큼 운전을 할 수 없는 것과 마찬가지다. 운전할 때는 운전대를 잡은 손과 페달을 밟는 다리, 시야를 확보하는 눈과 다른 차의 소리를 듣는 귀 등 각종 신체기관이 유기적으로 반응하며 상황에 대처해야 한다. 영어 말하기도 **발성 기관이 얼마나 해당 언어에 익숙해져 있는지에 따라 실력이 결정**된다.

앞서 언급한 것처럼 행동 영역에 해당하는 '말하기'는 발성 기관이 주도적인 역할을 한다. 소리 내어 읽으면서 발성 기관에 자극을 주어야 한다. 성대, 혀, 입술, 비강 등 발성에 영향을 미치는 각종 기관을 훈련하는 것이다. 초기에 되도록 큰 소리로 연습하는 것이 중요한 이유는 **소리를 내는 기관에 큰 자극을 주어 언어를 몸에 각인하는 과정이 필요**하기 때문이다.

처음에는 굉장히 어색하겠지만, 초보자에게는 특히 이 각인 과정이 중요하다. 모국어에만 익숙해져 있는 발성 기관이 영어라는 새로운 소리에 익숙해지는 단계이기 때문이다. 이 각인 작업이 끝나면 영어 말하기가 훨씬 수월할 것이다.

STEP 2

영어 말하기 필기시험

영어 말하기 면허

영어 말하기 필기시험에 들어가며

안전 교육에서는 영어 말하기 기술이 무엇이며, 어떻게 익힐 수 있는지 살펴보았다. 안전 교육을 가볍게 여길 수도 있지만, 운전과 마찬가지로 영어 말하기도 안전의 개념을 확실히 잡을 필요가 있다. 소중한 시간과 비용을 아끼고, 효과적으로 실력을 높일 수 있기 때문이다.

이제 본격적으로 필기시험을 준비할 차례다. 이 과정이 필요한 이유는 영어를 '모국어'로 습득하는 과정과 '외국어'로 습득하는 과정이 완전히 다르기 때문이다. 어린아이가 모국어를 배울 때는 문자를 먼저 익히지 않는다. 아이들은 가까이에서 돌보는 부모님과 형제자매, 선생님, 친구에 이르기까지 모국어를 사용하는 사람들로 둘러싸여 성장한다. 배워야 하는 언어를 하루 종일 듣는 것이다.

그뿐만 아니라, 아이에게는 생존을 위해서라도 언어를 배워야 한다는 본능적인 욕구가 있다. 살기 위해, 즉 생존 욕구를 충족하기 위해 의사소통이 필요하다는 것을 본능적으로 알고 이를 위한 기술을 배우는 것이다. **생존 본능을 넘어서는 동기는 존재하지 않는다.** 외국어를 배우려는 성인보다 정신적, 신체적으로 미성숙한 유아의 모국어 습득 속도가 빠른 주된 이유가 바로 이 '생존 본능'이다.

우리는 쉼 없이 한국어를 듣는 환경에서 한국어를 모국어로 사용한다. 영어를 쓰지 않아도 충분히 생존 욕구를 채울 수 있다. 설령 영어에 노출된 환경에 있다고 하더라도 생존과 직결되지 않는 한, 유아가 모국어를 배울 때 나타나는 극적인 성장은 나타나지 않는다. 이처럼 우리의 현실이 영어권 국가에서 태어나 자라면서 생존을 위해 언어를 배우는 상황과는 완전히 다르다는 것을 인지하고 영어 말하기 기술을 익혀야 한다.

영어 말하기가 무엇이며, 어떤 규칙으로 사용하는지 파악하는 '필기시험'이 필요한 이유다. 모국어를 습득하는 것처럼 최적의 환경이 주어질 수 없는 만큼, 최소한의 기본 지식은 있어야 인위적으로라도 유사한 상황을 만들 수 있다. 거창한 것은 아니다. 엑셀을 밟으면 차가 움직이고 브레이크를 밟으면 차가 멈춘다는 것, 신호등과 각종 표지판의 의미 등 운전에 필요한 기본적인 지식수준의 내용이다. 영어 말하기 기술을 배우기 위해 필요한 지식은 아래 네 가지로 요약할 수 있다.

> ① 알파벳으로 구성된 영어를 읽고,
> ② 한국어와 다른 영어의 어순을 이해하고,
> ③ 주체와 상황에 따라 문장을 구성하는 단어가 변형됨을 알고,
> ④ 질문을 만드는 방법을 익히는 것.

이제부터는 영어 말하기 필기시험을 통과하기 위해 필요한 네 가지 항목을 살펴볼 것이다.

1. 영어 읽기

영어로 말하려면 먼저 읽는 법을 알아야 한다. 단어 안에서 알파벳이 어떤 발음으로 표현되는지 정확하게 익혀야 한다는 의미다. 모국어라면 읽기에 앞서 말하는 법을 익히겠지만, **외국어로 배우는 우리는 글자를 사용해 영어 기술을 익히는 만큼 반드시 필요한 지식**이라고 할 수 있다.

영어도 한글처럼 표음 문자의 성격을 가진다. 각 문자가 가진 고유의 소리에 기반하여 만들어진 언어라는 의미다. 표음 문자는 자음과 모음이 가진 소리를 조합해 발음한다. '파닉스'는 알파벳 철자와 소리를 연결하여 글자를 읽는 방법을 배우는 과정이다. 즉, 문자와 음성 언어 간에는 일정한 규칙이 있으므로, 이 규칙을 익히면 알파벳 문자로 이루어진 단어를 소리로 표현할 수 있게 된다.

아직 영어 읽는 법을 모른다고 해도 괜찮다. 인터넷이나 관련 서적을 통해 충분히 익힐 수 있기 때문이다. 영어 말하기는 '공부'로 익히는 것이 아니지만, 이 과정만큼은 공부하는 과정을 거쳐야 한다. 이해가 필요한 부분이기 때문이다. 시간은 오래 걸리지 않는다. 성인보다 이해력이 뒤처지는 어린아이도 이 과정을 통해 영어 읽기를 배우는 만큼 자신감을 갖고 원리를 이해하는 데에 집중하면 금방 익힐 수 있을 것이다.

2. 어순 익히기

　영어가 어렵고 낯설게 느껴지는 주된 이유는 한국어와 어순이 다르기 때문이다. 한국어는 일반적으로 '주어+목적어+서술어(동사)'의 구조로 이루어진다. 하지만 영어는 '주어+동사+목적어'의 구조를 보인다. 영어 말하기가 익숙해지면 이 구조가 체득되어 쉽게 말로 할 수 있지만, 그전까지는 모국어인 한국어 어순에 익숙해져 있기 때문에 생각하는 시간이 발생할 수밖에 없다. 특히 한국인이 영어 실력을 기르는 데에 어려움을 겪는 것은 이처럼 어순이 달라 발생하는 괴리감 때문일지도 모른다. 하지만 인간은 적응의 동물이라는 말이 있듯, 몸을 사용해 영어 어순을 반복해서 접하면 분명 익숙해질 것이다.

운전도 마찬가지인데, 예를 들어 유럽과 일본은 우리나라와 달리 운전석이 오른쪽에 있다. 한국에서 수십 년 동안 운전을 했던 사람이 이런 국가에서 처음 운전할 때는 어색하고 어려움을 겪을 수밖에 없다. 물론 사람에 따라 필요한 시간은 다르겠지만, 시간이 지나면서 이 차이에 몸은 자연스럽게 적응할 수 있을 것이다.

재차 강조하지만, 어순의 차이도 기술 반복으로 극복할 수 있다. 이는 '기능 시험'에서 익힐 것이니, 지금은 영어와 한국어의 어순이 다르며, **'주어+동사+목적어'의 구조로 어순이 이루어진다**는 점만 이해하면 된다.

3. 동사의 변화

영어 말하기에서 동사는 매우 중요하다. 동사는 크게 행동을 표현하는 '일반 동사'와 상태를 표현하는 'Be 동사'로 나뉜다. 즉, 행위를 표현할 때는 일반 동사를 사용하며, 감정이나 상태를 표현할 때는 Be 동사와 형용사를 함께 사용한다.

이해를 돕기 위해 아래 예시를 살펴보자.

일반 동사

I <u>learn</u> English skills.
[나는 영어 기술을 배웁니다.]

I <u>drink</u> some coffee.
[나는 커피를 마십니다.]

I <u>make</u> a snowman.
[나는 눈사람을 만듭니다.]

위에서 learn, drink, make는 주어 'I'의 행동을 표현하는 일반 동사다.

아래는 감정이나 상태를 설명하는 Be 동사의 예시다.

Be 동사

I <u>am</u> 40 years old.
[나는 40세입니다.]

I <u>am</u> pretty.
[나는 예쁩니다.]

> I <u>am</u> happy.
> [나는 행복합니다.]

위 예시에서 am은 Be 동사의 1인칭 형태로, 주어인 I의 상태(나이, 외모 등)나 감정을 설명하기 위해 사용되었다.

모든 문장을 이 기준으로 분류할 수는 없지만, 큰 틀 안에서 개념을 잡는다는 생각으로 이해하면 된다.

일반 동사와 Be 동사 모두 주체(주어)가 무엇인지, 그리고 주체가 행동하는 상황(시기)에 따라 형태가 변한다. 이 주체가 무엇인지에 따라 동사의 형태가 변한다. 또한, 주체의 행동 시점이 과거인지, 현재인지, 미래인지에 따라서도 달라진다.

앞 예문 중 'I learn English skills.' 문장을 예로 들어 보자. 일반 동사 'learn(배우다)'은 **주체가 무엇인지**에 따라 그대로 쓰기도, 변형해서 쓰기도 한다.

주체에 따른 일반 동사의 변화

(I/You/We/They) learn English skills.
[(나/당신(들)/우리/그들)은 영어 기술을 배웁니다.]

(He/She/Yoona) learn<u>s</u> English skills.
[(그/그녀/윤아)는 영어 기술을 배웁니다.]

★ You는 한 사람(단수)일 때와 두 사람 이상(복수)일 때의 동사 형태가 같다. 그러므로 상황에 따라 다른 문장 구성 요소들의 수가 단수인지 복수인지 판단해야 한다.

행동 시점에 따른 동사의 변화는 아래와 같다.

시점에 따른 일반 동사의 변화

(I/You/We/They) learn English skills.
[(나/당신(들)/우리/그들)은 영어 기술을 배웁니다.] <현재>

(I/You/We/They) learn<u>ed</u> English skills.
[(나/당신(들)/우리/그들)은 영어 기술을 배웠습니다.] <과거>

(I/You/We/They) <u>will</u> learn English skills.
[(나/당신(들)/우리/그들)은 영어 기술을 배울 것입니다.] <미래>

(He/She/Yoona) learn<u>s</u> English skills.
[(그/그녀/윤아)는 영어 기술을 배웁니다.] <현재>

(He/She/Yoona) learn<u>ed</u> English skills.
[(그/그녀/윤아)는 영어 기술을 배웠습니다.] <과거>

(He/She/Yoona) <u>will</u> learn English skills.
[(그/그녀/윤아)는 영어 기술을 배울 것입니다.] <미래>

이번에는 상태와 감정을 표현하는 Be 동사를 살펴보자. '행복하다'를 표현하는 'be happy'를 이용해 주체와 시점에 따라 be 동사가 어떻게 변하는지 알아볼 것이다. 여기서 happy는 동사가 아니기 때문에 형태가 변하지 않는다.

주체에 따른 Be 동사의 변화

I <u>am</u> happy.
[나는 행복합니다.]

(You/We/They) <u>are</u> happy.
[(당신(들)/우리/그들)은 행복합니다.]

(He/She/Yoona) <u>is</u> happy.
[(그/그녀/윤아)는 행복합니다.]

☞ '나'의 상태를 표현하려면 'am'을 사용한다.

☞ 상대방(You)이나 복수의 주체(You, We, They)의 상태를 표현하려면 'are'을 사용한다.

☞ 나와 상대방을 제외한 단수의 주체(He, She 등)의 상태를 표현하려면 'is'를 사용한다.

행동 시점에 따른 be 동사의 변화는 아래와 같다.

시점에 따른 Be 동사의 변화

I <u>am</u> happy.
[나는 행복합니다.] <현재>

I <u>was</u> happy.
[나는 행복했습니다.] <과거>

I <u>will be</u> happy.
[나는 행복할 것입니다.] <미래>

(You/We/They) <u>are</u> happy.
[(당신(들)/우리/그들)은 행복합니다.] <현재>

(You/We/They) <u>were</u> happy.
[(당신(들)/우리/그들)은 행복했습니다.] <과거>

(You/We/They) <u>will be</u> happy.
[(당신(들)/우리/그들)은 행복할 것입니다.] <미래>

(He/She/Yoona) <u>is</u> happy.
[(그/그녀/윤아)는 행복합니다.] <현재>

(He/She/Yoona) <u>was</u> happy.
[(그/그녀/윤아)는 행복했습니다.] <과거>

(He/She/Yoona) <u>will be</u> happy.
[(그/그녀/윤아)는 행복할 것입니다.] <미래>

☞ 'am'의 과거형은 'was', 미래형은 'will be'로 쓴다.

☞ 'are'의 과거형은 'were', 미래형은 'will be'로 쓴다.

☞ 'is'의 과거형은 'was', 미래형은 'will be'로 쓴다.

    이런 규칙을 이미 알고 있는 사람도 있을 것이고, 잊었거나 여전히 헷갈리는 사람도 있을 것이다. 하지만 필자가 그랬던 것처럼 알고 있다고 해도 제대로 쓰지 못하면 의미가 없다. 지금은 말하기 기술을 사용하기 전에 **'매뉴얼을 읽는다'**는 생각으로 이해만 하면 된다. 실전에서 매번 이런 규칙을 생각하고 말할 수는 없다. 몸이 기억한 반응으로 각 상황에 순간적으로 대처하는 것이다.

4. 질문 만들기

하고 싶은 말 중에 설명하는 내용만 있지는 않을 것이다. 상대방에게 무언가 물어보고 싶은 것이 있으면 어떻게 말해야 하는지 알아보자. 질문, 즉 의문문을 만들 때는 아래와 같은 규칙이 적용된다.

> ▶ 일반 동사
>
> (현재) Do/Does
>
> (과거) Did   + 주어 + 일반 동사(원형) + ?
>
> (미래) Will

위 규칙처럼 일반적인 평서문 앞에 시점에 따라 4종류의 보조 기구(Do/Does/Did/Will)만 붙이면 의문문을 만들 수 있다. 설명만으로는 다소 복잡해 보이지만, 아래 예시를 보면 쉽게 이해할 수 있다.

- 기　본 평서문: I learn English skills.
  [나는 영어 기술을 배웁니다.]

- 현재형 의문문: Do I learn English skills?
  [내가 영어 기술을 배우나요?]

- 과거형 의문문: Did I learn English skills?
  [내가 영어 기술을 배웠나요?]

- 미래형 의문문: Will I learn English skills?
  [내가 영어 기술을 배울 것인가요?]

- 기　본 평서문: You learn English skills.
  [당신(들)은 영어 기술을 배웁니다.]

- 현재형 의문문: Do you learn English skills?
  [당신(들)은 영어 기술을 배우나요?]

- 과거형 의문문: Did you learn English skills?
  [당신(들)은 영어 기술을 배웠나요?]

- 미래형 의문문: Will you learn English skills?
  [당신(들)은 영어 기술을 배울 것인가요?]

- 기　본 평서문: (We/They) learn English skills.
  [(우리/그들)은 영어 기술을 배웁니다.]

- 현재형 의문문: <u>Do</u> (we/they) learn English skills?
  [(우리/그들)은 영어 기술을 배우나요?]

- 과거형 의문문: <u>Did</u> (we/they) learn English skills?
  [(우리/그들)은 영어 기술을 배웠나요?]

- 미래형 의문문: <u>Will</u> (we/they) learn English skills?
  [(우리/그들)은 영어 기술을 배울 것인가요?]

- 기　본 평서문: (He/She/Sehyun) learns English skills.
  [(그/그녀/세현)은 영어 기술을 배웁니다.]

- 현재형 의문문: <u>Does</u> (he/she/Sehyun) learn English skills?
  [(그/그녀/세현)은 영어 기술을 배우나요?]

- 과거형 의문문: <u>Did</u> (he/she/Sehyun) learn English skills?
  [(그/그녀/세현)은 영어 기술을 배웠나요?]

- 미래형 의문문: <u>Will</u> (he/she/Sehyun) learn English skills?
  [(그/그녀/세현)은 영어 기술을 배울 것인가요?]

위 예시처럼 시점에 따라 현재는 Do(3인칭 단수일 때는 Does), 과거는 Did, 미래는 Will을 사용한다. 여기서 주목해야 할 공통점은 **보조 기구가 사용되면 일반 동사의 형태가 변하지 않는다**는 사실이다. 보조 기구가 쓰이지 않는 평서문에서는 미래를 나타내는 'will'이 쓰이지 않는 한 주어와 시점에 따라 일반 동사의 형태가 변하지만, 의문문에서는 그런 현상이 나타나지 않는다.

너무 심각하게 받아들일 필요는 없다. 다른 언어와 마찬가지로, 영어에도 이런 규칙이 있다는 것 정도로만 이해하면 충분하다. 지금은 원하는 문장을 만들기 전, 즉 운전대를 잡기에 앞서 기본적인 차 조작법을 익히는 단계다. 어떤 독자는 이미 잘 알고 있는 내용일지도 모른다.

하지만 이렇게 단순한, 고작 3~5단어로 이루어진 문장을 만들 줄 아는데도 왜 입에서는 잘 나오지 않는 것일까? 여러 번 강조한 것처럼 영어 말하기는 지식의 축적에서 나오는 것이 아니라, 훈련된 몸에서 나오는 기술이기 때문이다. 간단한 의문문조차 직접 소리 내어 말해본 적이 없다면 제대로 구사할 수 없다. 아무리 간단한 기술이라도 내가 직접 만들어 보고 말로 해 봐야 한다. 그래야 몸이 익힐 수 있다.

▶ **Be 동사**

(현재) Am/Are/Is + 주어 + 상태/감정 + ?

(과거) Was/Were + 주어 + 상태/감정 + ?

(미래) Will + 주어 + be + 상태/감정 + ?

간단한 예시를 살펴보자.

기　본 평서문: I <u>am</u> happy.
　　　　　　　[나는 행복합니다.]

현재형 의문문: <u>Am</u> I happy?
　　　　　　　[나는 행복합니까?]

과거형 의문문: <u>Was</u> I happy?
　　　　　　　[나는 행복했습니까?]

미래형 의문문: <u>Will</u> I <u>be</u> happy?
　　　　　　　[나는 행복할까요?]

기　본 평서문: You <u>are</u> happy.
　　　　　　　[당신(들)은 행복합니다.]

현재형 의문문: <u>Are</u> you happy?
　　　　　　　[당신(들)은 행복합니까?]

과거형 의문문: <u>Were</u> you happy?
　　　　　　　[당신(들)은 행복했습니까?]

미래형 의문문: <u>Will</u> you <u>be</u> happy?
[당신(들)은 행복할까요?]

기 본 평서문: (We/They) <u>are</u> happy.
[(우리/그들)은 행복합니다.]

현재형 의문문: <u>Are</u> (we/they) happy?
[(우리/그들)은 행복합니까?]

과거형 의문문: <u>Were</u> (we/they) happy?
[(우리/그들)은 행복했습니까?]

미래형 의문문: <u>Will</u> (we/they) <u>be</u> happy?
[(우리/그들)은 행복할까요?]

기 본 평서문: (He/She/Sehyun) <u>is</u> happy.
[(그/그녀/세현)은 행복합니다.]

현재형 의문문: <u>Is</u> (he/she/Sehyun) happy?
[(그/그녀/세현)은 행복합니까?]

과거형 의문문: <u>Was</u> (he/she/Sehyun) happy?
[(그/그녀/세현)은 행복했습니까?]

미래형 의문문: <u>Will</u> (he/she/Sehyun) <u>be</u> happy?
[(그/그녀/세현)은 행복할까요?]

필기시험 단계에서는 어떻게 의문문을 만드는지만 이해하면 된다. 운전면허를 취득할 때도 대부분 가벼운 마음으로 관련 서적이나 문제집을 한두 번 쓱 훑어보고 기본적인 원리만 파악하고 필기시험을 치른다. 영어 말하기도 예문과 규칙을 세세하게 외우기보다는 전체적인 내용을 이해한다는 데에 초점을 맞추면 된다.

운전면허도 필기시험을 한 번에 통과하는 사람이 있고 두세 번 치르는 사람이 있듯, 이 내용을 금방 이해하는 사람이 있고 조금 시간이 걸리는 사람도 있을 것이다. 반드시 완벽하게 이해할 필요는 없다. 어떤 개념이 있으며, 대략 어떻게 문장을 만드는지만 알고 있다면 다음 단계로 넘어가는 데에 아무런 지장이 없다. 필기시험을 턱걸이로 통과한 사람이나 100점을 맞고 통과한 운전자나 실제로 핸들을 잡고 운전을 시작하기 전까지의 잠재적 운전 실력은 동일하다. 진짜 실력을 키우는 과정은 입에서 영어가 나올 때부터 시작이다.

지금까지 익힌 내용을 정리해 보자.

① 각 알파벳이 어떤 소리를 내는지 이해하고 결합된 단어를 읽을 수 있다.
② 영어는 한국어와 달리 '주어+동사+목적어'의 어순임을 이해한다.

③ 문장 속 동사는 주체(주어)와 상황(시점)에 따라 변한다.
④ 의문문을 만드는 방법을 알고 있다.

이상의 네 가지 내용을 **이해했다면** 영어 말하기 필기시험은 통과한 것이다. 이제 운전대를 잡고 진짜 운전, 즉 '진짜 영어 말하기'를 할 차례다.

STEP 3

영어 말하기 기능 시험

영어 말하기 면허

영어 말하기 기능 시험에 들어가며

다음 단계로 넘어가기에 앞서 영어 말하기 기술 획득 과정에서 반드시 지켜야 할 규칙이 있다. 운전면허를 취득할 때와 마찬가지로, 정해진 순서에 따라 단계별로 밟아 나가야 한다는 것이다. 필기시험을 통과하지 않으면 기능 시험을 볼 수 없으며, 다음 단계인 주행 시험 역시 마찬가지다. 최종적으로 운전할 수 있게 되기까지 각 단계에서 배우고 익혀야 하는 기술이 있다는 의미다.

앞의 영어 말하기 필기시험은 정규 교육과정을 이수했거나 다년간 영어 공부를 해서 큰 어려움 없이 이해한 사람도 있을 것이며,

여러 번 반복해 읽으며 공부해야 하는 사람도 있을 것이다. 하지만 궁극적으로 볼 때 영어 말하기는 학문의 영역이 아니라, 몸을 사용해 익히는 기술의 영역이다. 그렇기에 앞선 필기시험 과정처럼 이해가 필요한 과정은 앞으로 몸을 사용할 기능 및 주행 시험 과정을 더욱 원활하게 하는 윤활유 역할을 할 뿐이다. 아무리 영어에 대한 이해도가 높아도 연습이 결여된다면 실력 향상은 불가능하다.

누군가는 이렇게 말할지도 모른다.

"나는 학습능력도 좋지 않고, 운동신경도 별로라서 걱정되는데……. 잘할 수 있을까?"

운전할 때 운동신경이 중요할까? 사고 위기에서 재빠르게 회피하는 순발력과 같이 일정 부분 영향을 미칠 수는 있을 것이다. 하지만 운동신경이 좋아야만 운전을 잘 하는 것은 아니다. 만약 이 가설이 성립한다면 모든 프로 스포츠 선수들은 일반 사람들보다 운전을 훨씬 잘 해야 하며, 택시 기사님들의 운동 신경은 우리보다 뛰어나야 한다. 하지만 현실은 그렇지 않다.

이런 종류의 기술은 개인이 타고난 역량으로 길러지는 것이 아니다. 물론 향상 속도에 차이를 만들 수는 있을 것이다. 하지만 다양한 상황에서 반복적으로 사용해야만 기술은 발달할 수 있다. 시내, 고속도로, 시골길 등 여러 환경에서 직접 차를 몰아봐야 운전 실력이 느는 것처럼, 영어 말하기를 잘 하려면 여러 소재로 반복해서 말하는 연습을 해 봐야 한다. **몸이 기억하고 자체적으로 발전시켜 나가는 기술인 셈이다.**

기능 시험 준비하기

운전면허를 따던 때를 생각해 보면 본격적으로 운전석에 앉는 기능 시험부터 진짜 운전이라는 느낌을 받았을 것이다. 비록 시험장 내에 있는 폐쇄된 도로지만, 직접 운전대를 잡고 페달을 밟으면서 어느 정도 실전과 비슷한 감각을 주기 때문이다. 영어 말하기도 마찬가지다. 영어가 모국어가 아닌 만큼 필기시험에서 기본적인 내용들을 익혔으니, 이제 '내 입으로 영어를 말하기' 시작해야 한다.

영어 말하기 기능 시험에서는 앞 장에서 이해한 내용을 바탕으로 **원하는 내용을 영어 어순, 주어, 시제에 맞춘 기본 문장 구성으로**

만들어 말해 볼 것이다. 운전면허 기능 시험에서는 실제 도로처럼 복잡한 코스가 등장하지 않는다. 기본 운전 능력을 검증하는 것이 목적이기 때문이다. 마찬가지로, 영어 말하기 기능 시험의 목적은 영어 말하기의 기본 문장을 능숙하게 사용할 수 있게 하는 데 있다.

기본 문장의 소재는 자신의 생활(행동, 감정 등을 중심으로)에 관한 내용을 담는 것이 좋다. 다른 사람에 관한 내용이 아니라, 내 일상을 이야기할 때 감정을 담을 수 있다. 감정이 담기지 않은 말은 몸이 기억하기 어렵다. 이제부터 여러 기능 기술을 적용하며 영어 말하기 기능 코스, **'오늘 나의 하루'**를 이야기해 보자.

기능 기술 1.
현재형 만들기

　영어 어순에 익숙해지기 위해 쉬운 단어로 내 행동, 상태, 감정 등을 문장으로 만들어 입으로 말해 보자. 어떤 단어를 써야 할지 모르겠다면, 번역기 앱을 사용해도 좋다. 번역기 표현이 마음에 들지 않는다면, 'ChatGPT'에게 물어보는 것도 좋은 방법이다. 미드 백 번 보기, 영어 회화 학원 등록하고 매일 가기보다는 훨씬 손쉬운 일일 것이다. 이 정도 수고도 하지 않고 영어 말하기 실력을 높일 수는 없다.

　아래 예시를 보면 자신의 상황에 적용해 보기가 쉬울 것이다. 점심시간에 이 책을 쓰고 있는 필자의 현재 상황을 표현한 문장이다.

> 나 + 현재 (동작/상태/감정) + 목적어

I am Jaehwan Kang.
[내 이름은 강재환입니다]

I am tired.
[나는 피곤합니다]

I write a report.
[나는 보고서를 씁니다]

I type a letters.
[나는 타자를 칩니다]

I look at the monitor.
[나는 모니터를 봅니다]

I am busy.
[나는 바쁩니다]

I drink a coffee.
[나는 커피를 마십니다]

I sit in a chair.
[나는 의자에 앉습니다]

I check my smartphone.
[나는 스마트폰을 확인합니다]

> I click a mouse.
> [나는 마우스를 클릭합니다]
>
> I am thirsty.
> [나는 목이 마릅니다]
>
> I read a book.
> [나는 책을 읽습니다]
>
> I make a call.
> [나는 전화를 겁니다]
>
> I take a break.
> [나는 휴식을 취합니다]

독자분들 역시 각자의 일상이 있는 만큼 시간과 장소, 상황에 맞는 행동과 생각을 하며 살아간다. 반복되는 일상에서는 행동과 생각도 크게 달라지지 않는다. 일상은 곧 자연스럽게 반복되는 '나만의 기능 코스'가 된다. 일상은 영어 말하기 기술을 익히는 데에 중요한 2가지 요소를 모두 포함하고 있다.

'내 **감정**이 묻어 있는 나만의 **반복**된 일상'

귀찮을 수 있지만, 현재의 나를 표현해 보자.

기능 기술 2.
과거형 만들기

'지금의 나'를 표현하는 것이 익숙해졌다면 이제 과거로 가 볼 차례다. 시간의 흐름대로 매 순간 무엇을 했는지 돌이켜보면 어렵지 않게 과거의 생활을 소재로 활용할 수 있다. 아침에 눈을 뜨고, 아침식사를 하고, 출근 복장을 선택하고, 자차나 대중교통으로 출근을 하고, 업무 메일을 확인하는 것까지 어떤 것이든 괜찮다. 필자의 과거형 기능 코스를 살펴보자.

나 + 과거(동작/상태/감정) + 목적어

I woke up at 5 am.
[나는 5시에 일어났습니다]

I was tired.
[나는 피곤 했습니다]

I had a glass of water.
[나는 물 한잔을 마셨습니다]

I took a shower.
[나는 샤워를 했습니다]

I dried my hair.
[나는 머리를 말렸습니다]

I put on clothes.
[나는 옷을 입었습니다]

I drove my car.
[나는 내 차를 운전 했습니다]

I got to the office.
[나는 사무실에 도착했습니다]

I had breakfast.
[나는 아침을 먹었습니다]

I had a cup of coffee.
[나는 커피 한 잔을 마셨습니다]

> I went to the restroom.
> [나는 화장실에 갔습니다]
>
> I had a meeting.
> [나는 미팅을 했습니다]
>
> I wrote an email.
> [나는 이메일 한 통을 썼습니다]
>
> I was busy.
> [나는 바빴습니다]
>
> I talked to a customer on the phone.
> [나는 고객과 통화를 했습니다]
>
> I organized my desk.
> [나는 책상을 정리했습니다]

직장인이라면 누구나 공감할 법한, 회사원의 흔한 오전 일상이다. 이처럼 오늘 하루의 일상은 기능 코스를 만들기에 훌륭한 재료다. 내 의지와 감정, 행동이 녹아 있는 반복된 삶이기 때문이다. '일상'이라는 소재로 문장을 만들고 끊임없이 입으로 내뱉어 봐야 영어 말하기 기술이 몸에 스며들 수 있다. 단순히 '이해'하는 데에 그친다면 몸에 각인되지 못하고 겉돌게 된다. 마치 문신처럼, 영어가 내 몸에 진하게 밸 수 있도록 노력해야 한다.

기능 기술 3.
미래형 만들기

대화를 하다 보면 '미래에 ○○○를 하겠다.'라는 약속이나 다짐을 꽤 자주 하게 된다. 이처럼 의지가 깃든 말 외에도 가벼운 예정이나 계획, 약속 등을 말할 때도 그 행위가 실제로 발생하는 시점은 미래가 된다. 지금 회사에 있는 직장인이라면 퇴근 후에는 또 다른 일상이 시작된다. 퇴근 후 계획을 소재로 만든 필자의 미래형 기능 코스를 살펴보자.

나 + will (be) + (동작/상태/감정) + 목적어

I will leave work.
[나는 퇴근할 것입니다]

I will drive my car.
[나는 내 차를 운전할 것입니다]

I will have dinner.
[나는 저녁식사를 할 것입니다]

I will do the dishes.
[나는 설거지를 할 것입니다]

I will go to the park.
[나는 공원에 갈 것입니다]

I will play soccer.
[나는 축구를 할 것입니다]

I will watch TV.
[나는 TV를 볼 것입니다]

I will be happy.
[나는 행복할 것입니다]

I will take a shower.
[나는 샤워를 할 것입니다]

I will write a book.
[나는 책을 쓸 것입니다]

> I will watch Netflix.
> [나는 넷플릭스를 볼 것입니다]
>
> I will brush my teeth.
> [나는 이를 닦을 것입니다]
>
> I will go to bed.
> [나는 잠을 잘 것입니다]

퇴근 후 잠들기 전까지의 평소 일상이다. '또 다른 일상'이라고 거창하게 말하기는 했지만, 적어놓고 보니 꽤 단조로워 보인다. 사실 대부분의 사람은 자신의 삶 테두리 안에서 반복되는 일상을 살고 있다. 뉴스나 미디어를 통해 접하는 사건이 우리의 삶에 나타날 가능성은 그리 크지 않다. 그런 소식을 접하면 놀라고 신기할 수는 있지만, 공감하면서 그 '상황' 자체에 감정을 담기는 어렵다. 그렇기에 적어도 기본기를 갖출 때까지는 CNN, The Times 같은 뉴스나 신문의 문장보다는 단조롭지만 익숙한 나의 일상을 소재로 연습하는 것이 좋다.

기능 기술 4.
부스터 도구 활용

CAN / WANT / HAVE TO / BE GOING TO

운전할 때 길은 평지에만 있지 않다. 이런 구간에서는 평지와 같은 기술로 운전해서는 안 된다. 엑셀과 브레이크를 밟는 강도부터 달라져야 한다. 내리막 구간을 가는데 평지에서 운전할 때처럼 페달을 밟으면 매우 위험할 것이다. 오르막 구간도 마찬가지다. 영어에서도 상황에 따라 평소와는 다른 기술을 활용해야 하는데, 위의 네 가지가 이를 도와준다. 운전할 때 경사로를 자주 마주하게 되는 것처럼, 위 4가지 어휘는 '영어 말하기'를 할 때 굉장히 자주 쓰이는 대표적인 도구다.

① Can

일상에서 "~ 할 수 있습니다.", "~ 할 수 없습니다.", "~ 할 수 있나요?" 등의 말은 자주 사용된다. 언어의 존재 이유 중 하나가 '의사소통'인 만큼, 첫 번째 부스터 도구인 'Can'을 이용해 상대방의 의사를 묻거나 나의 의사를 전달할 수 있다. 간단해 보이지만, 일상의 범위 내에서 다양한 소재에 활용해 소리 내어 말하고 연습해 봐야 진짜 내 것이 될 수 있다.

- 주어 + can (not) + 동사원형
- 주어 + can (not) + be + 형용사(상태/감정/대상)

활용법은 간단하다. 행위를 나타내는 일반 동사를 사용할 때는 **can을 먼저 쓴 뒤 해당 동사의 원형을 뒤에 쓴다.** 상태나 감정을 표현할 때에도 역시 can을 먼저 쓴 뒤 be를 써주고 상태(감정, 대상)를 이어 쓰면 된다. '할 수 없다'는 부정의 의미를 표현할 때는 can 바로 뒤에 not을 붙여 쓰면 된다.

'can'은 보통 현재 시점을 기준으로 자주 사용하는데, 예시를 통해 어떻게 쓰면 되는지 살펴보자.

● Work (일하다) ─────────────────────

(I/You/We/They) can work.
[(나/당신(들)/우리/그들)은 일을 할 수 있습니다]

(He/She/Jooyoung) can work.
[(그/그녀/주영)은 일을 할 수 있습니다]

● Be happy (행복하다) ─────────────────

(I/You/We/They) can be happy.
[(나/당신(들)/우리/그들)은 행복 할 수 있습니다]

(He/She/Jooyoung) can be happy.
[(그/그녀/주영)은 행복 할 수 있습니다]

● A student (학생) ─────────────────

(I/You) can not be a student.
[(나/당신)은 학생이 될 수 없습니다]

(You/We/They) can not be students.
[(당신들/우리/그들)은 학생이 될 수 없습니다]

(He/She/Jooyoung) can not be a student.
[(그/그녀/주영)은 학생이 될 수 없습니다]

② Want

언어의 존재 이유 중 하나는 의사소통이며, 여기에는 서로가 원하는 바를 이해하는 과정도 포함된다. 실제로도 업무를 포함해 많은 의사소통은 원하는 것을 얻으려는 목적으로 이루어진다. 그런 의미에서 'want(원하다)'는 꽤나 높은 사용 빈도를 보이는 단어 중 하나라고 할 수 있다.

Want의 현재형은 크게 다음과 같은 세 가지 방법으로 표현한다. 부정(원하지 않는다)을 표현할 때는 주어에 따라 want 앞에 do not, does not을 사용한다.

- 주어 + want(s) + 목적어(대상)
- 주어 + want(s) + to + 일반 동사
- 주어 + want(s) + to + be + 상태/감정

위 규칙만으로는 난해해 보일 수 있으니, 가장 대표적인 '현재형'을 기준으로 한 아래 예시를 살펴보자.

● Coffee (커피) ───────────────

(I/You/We/They) want some coffee.
[(나/당신(들)/우리/그들)은 커피를 원합니다]

(He/She/Wook) wants some coffee.
[(그/그녀/욱)은 커피를 원합니다]

● Have (먹다, 마시다) ───────────────

(I/You/We/They) do not want to have some coffee.
[(나/당신(들)/우리/그들)은 커피 마시기를 원하지 않습니다]

(He/She/Dongsup) does not want to have some coffee.
[(그/그녀/동섭)은 커피 마시기를 원하지 않습니다]

● Be happy (행복하다) ───────────────

(I/You/We/They) want to be happy.
[(나/당신(들)/우리/그들)은 행복하기를 원합니다]

(He/She/Dale) wants to be happy.
[(그/그녀/대일)은 행복하기를 원합니다]

③ Have(Has) to

'~ 해야 한다.', '~여야 한다.'라는 의미의 Have to 역시 상당히 자주 사용되는 도구다. '~해야 한다.'라고 하면 보통 학창 시절에 배운 'must'라는 단어를 떠올리지만, 사실 이 단어는 일상에서 그리 자주 쓰이지 않는다. 의미가 필요 이상으로 강하게 들리기 때문이다. 집에서 파를 써는데 전기톱을 꺼내는 느낌이라고 생각하면 이해가 쉬울 것이다.

그렇다면 have to를 쓸 수 있는 상황은 어떤 것이 있을까? '나 집에 가야 해.', '우리 일해야 해.', '고객이 와야 해.', '아들이 학원에 가야 해.'와 같은 문장이 간단한 예가 될 수 있다. 지금 각자의 상황에 맞춰 생각할 때 떠오르는 것이 있다면 모두 훌륭한 소재가 된다. 쓰는 방법은 아래와 같으며, 주체에 따라 has to를 쓰기도 한다. 부정문을 만들 때는 현재형을 기준으로 have to 앞에 do not, does not을 사용한다.

- 주어 + have(has) to + 동사원형
- 주어 + have(has) to + be + 형용사(상태/감정)

● Work (일하다) ──────────────

(I/You/We/They) have to work.
[(나/당신(들)/우리/그들)은 일 해야 합니다]

(He/She/Seokhee) has to work.
[(그/그녀/석희)는 일 해야 합니다]

● Be sad (슬퍼하다) ──────────────

(I/You/We/They) do not have to be sad.
[(나/당신(들)/우리/그들)은 슬퍼할 필요가 없습니다]

(He/She/Seokhee) does not have to be sad.
[(그/그녀/석희)는 슬퍼할 필요가 없습니다]

● Be positive (긍정적이다) ──────────────

(I/You/We/They) have to be positive.
[(나/당신(들)/우리/그들)은 긍정적이어야 합니다]

(He/She/Seokhee) has to be positive.
[(그/그녀/석희)는 긍정적이어야 합니다]

직접 문장을 만들어 보면 생각보다 일상에서 많이 쓰는 말이라는 것을 알 수 있다. 자주 쓴다는 것은 일상에서 다양한 소재를 찾을 수 있다는 의미이며, 몸이 기억해야 할 중요도가 높다는 말과도 같다. 몸이 기억할 때까지 여러 상황을 연습한다면, 어느 순간 한국어로 생각하고 영어 문장을 규칙에 맞게 만들기에 앞서 입이 먼저 have to를 사용해 문장을 말하는 자신을 발견하게 될 것이다.

④ Be going to

'~를 할 것입니다.', '~가 될 것입니다.', '~일 것입니다.'와 같은 의미로 해석되는 'be going to'는 원어민이든 외국인이든 자주 사용하는 영어 어휘다. 흔히 구어체에서는 'be gonna'로 발음하는데, 많은 드라마나 영화에서 들어봤을 것이다. Be going to가 내포하는 약속, 다짐, 예상은 일상에서 한국어 대화중에도 빈번하게 등장하는 만큼 적절히 사용할 줄 안다면 매우 유용하다.

나중, 즉 미래의 일에 사용하는 구문이기에 비슷한 의미로 'will'을 써도 되지 않냐고 생각할 수 있지만, 앞의 must와 마찬가지로 다소 강한 어감을 가지고 있다는 점을 유념해야 한다. 자연스럽게 미래의 현상이 발생하기보다는 의지를 가지고 그 결과를 만들 것이라는 의미로 들릴 수 있기 때문이다. 그래서 미래의 행동이나 의지, 예상을 표현할 때는 대부분 be going to를 사용하는 것이 자연스럽다. **현재형을 기준**으로 사용법은 아래와 같으며, 부정문을 만들 때는 be 바로 뒤에 not을 넣으면 된다.

- 주어 + Be 동사(am/are/is) + going to + 동사원형
- 주어 + Be 동사(am/are/is) + going to + be + 형용사
  (상태/감정/대상)

● Learn (배우다) ─────────────────

I am going to learn English skills.
[나는 영어 기술을 배울 거예요]

(You/We/They) are going to learn English skills.
[(당신(들)/우리/그들)은 영어 기술을 배울 거예요]

(He/She/Jaebum) is going to learn English skills.
[(그/그녀/재범)은 영어 기술을 배울 거예요]

● Be crazy (미치다) ─────────────────

I am going to be crazy.
[나는 미쳐버릴 거예요]

(You/We/They) are going to be crazy.
[(당신(들)/우리/그들)은 미쳐버릴 거예요]

(He/She/Jaebum) is going to be crazy.
[(그/그녀/재범)은 미쳐버릴 거예요]

> ● A student (학생) ─────────────
>
> I am going to be a student.
> [나는 학생이 될 거예요]
>
> You are going to be a student.
> [당신은 학생이 될 거예요]
>
> (You/We/They) are going to be students.
> [(당신들/우리/그들)은 학생이 될 거예요]
>
> (He/She/Jaebum) is going to be a student.
> [(그/그녀/재범)은 학생이 될 거예요]

여러 예시를 든 것은 행위, 감정, 상태, 대상 등이 다른 여러 상황에서 be going to가 다양하게 쓰일 수 있음을 보여주기 위함이다. 기능 시험은 필기시험과 달리 **머리로 이해하는 데에 그치면 결코 실력이 늘지 않는다**. 정작 말을 해야 할 상황에서 입이 떨어지지 않는 것이다. 말문이 트이려면 몸이 기억해야 하고, 몸이 기억하기 위해서는 반복해서 소리 내 말해봐야 한다.

지금까지 알아본 것처럼 활용할 수 있는 소재는 무궁무진하다. 위 예시들은 문자 그대로 예를 든 것으로, 도구들을 어떤 상황에서 사용하는지 파악하기 위한 것이다. 이제는 각자의 생활 속에서 익숙한 소재들을 발굴해 직접 문장을 만들어 봐야 한다.

영어 말하기를 유창하게 하도록 도와줄 도구는 다양하지만, 이상 4대 도구들은 영어로 일상적인 대화를 나눌 때 매우 빈번하게 사용되는 이른바 '필수 아이템'이다. 몸이 익숙해지고 기억하면서 자동반사적으로 말이 나올 수 있도록 연습해야 한다. 몸이 기억하는 순간, **머리보다 몸이 먼저 상황에 반응하는 신기한 현상**을 볼 수 있을 것이다.

기능 기술 5.
질문 만들기

　운전할 때 전진만 할 수는 없다. 주차를 비롯해 막다른 길에서 회차할 때처럼 후진을 할 일도 상당히 많다. 따라서 전진만 할 줄 알고 후진할 줄 모른다면 굉장히 난처한 상황에 처할 것이다. 평지뿐 아니라 경사지에서도 마찬가지다. 영어 말하기에서는 '평서문'을 직진으로, '의문문(질문하기)'를 후진으로 비유할 것이다. 영어로 질문은 어떻게 만드는지 알아보자.

평지 후진 (Be 동사 / 일반 동사)

① **Be 동사**

(현재) **Be 동사(Am, Are, Is) + 주어 + 상태/감정/대상 + ?**

(과거) **Be 동사(Was, Were) + 주어 + 상태/감정/대상 + ?**

(미래) **Will + 주어 + be + 상태/감정/대상 + ?**

● Be happy (행복하다) ─────────────────

(현재) Am I happy?
[나는 행복한가요?]

Are (you/we/they) happy?
[(당신(들)/우리/그들)은 행복한가요?]

Is (he/she/Seoyoung) happy?
[(그/그녀/서영)은 행복한가요?]

(과거) Was I happy?
[나는 행복했나요?]

Were (you/we/they) happy?
[(당신(들)/우리/그들)은 행복했나요?]

Was (he/she/Seoyoung) happy?
[(그/그녀/서영)은 행복했나요?]

(미래) Will (I/you/we/they/he/she/Seoyoung) be happy?
[(나/당신(들)/우리/그들/그/그녀/서영)은 행복할까요?]

● A teacher (선생님) ─────────────

(현재) Am I a teacher?
[나는 선생님인가요?]

Are you a teacher?
[당신은 선생님인가요?]

Are (you/we/they) teachers?
[(당신들/우리/그들)은 선생님인가요?]

Is (he/she/Seoyoung) a teacher?
[(그/그녀/서영)은 선생님인가요?]

(과거) Was I a teacher?
[나는 선생님이었나요?]

Were you a teacher?
[당신은 선생님이었나요?]

Were (you/we/they) teachers?
[(당신들/우리/그들)은 선생님이었나요?]

Was (he/she/Seoyoung) a teacher?
[(그/그녀/서영)은 선생님이었나요?]

(미래) Will (I/you/he/she/Seoyoung) be a teacher?
[(나/당신/그/그녀/서영)은 선생님이 될까요?]

Will (you/we/they) be teachers?
[(당신들/우리/그들)은 선생님이 될까요?]

② 일반 동사

(현재) Do(Does) + 주어 + 동사원형 + ?

(과거) Did + 주어 + 동사원형 + ?

(미래) Will + 주어 + 동사원형 + ?

● Work (일하다) ────────────────

(현재) Do (I/you/we/they) work?
[(나/당신(들)/우리/그들)은 일을 하나요?]

Does (he/she/Chris) work?
[(그/그녀/크리스)는 일을 하나요?]

(과거) Did (I/you/we/they/he/she/Chris) work?
[(나/당신(들)/우리/그들/그/그녀/크리스)는 일을 했었나요?]

(미래) Will (I/you/we/they/he/she/Chris) work?
[(나/당신(들)/우리/그들/그/그녀/크리스)는 일을 할 것인가요?]

▶ 경사로 후진 (Can, Want, Have to, Be going to)

① Can

Can + 주어 + 동사원형(일반 동사) + ?

Can + 주어 + be + 상태/감정/대상 + ?

● Work (일하다) ───────────────

Can (I/you/we/they/he/she/Aram) work?
[(나/당신(들)/우리/그들/그/그녀/아람)는 일할 수 있을까요?]

● Be happy (행복하다) ───────────────

Can (I/you/we/they/he/she/Aram) be happy?
[(나/당신(들)/우리/그들/그/그녀/아람)는 행복할 수 있을까요?]

● A teacher (선생님) ───────────────

Can (I/you/he/she/Aram) be a teacher?
[(나/당신/그/그녀/아람)는 선생님이 될 수 있을까요?]

Can (you/we/they) be teachers?
[(당신들/우리/그들)은 선생님이 될 수 있을까요?]

② Want

Do(Does)/Did + 주어 + want + to + 동사원형(일반 동사) + ?

Do(Does)/Did + 주어 + want + to be + 상태/감정/대상 + ?

★ Want는 특수한 경우를 제외하고 미래 의지를 나타내는 'will'과 함께 사용하지 않는다.

● Work (일하다) ───────────────────────

(현재) Do (I/you/we/they) want to work?
[(나/당신(들)/우리/그들)은 일하기를 원하나요?]

(과거) Did (I/you/we/they) want to work?
[(나/당신(들)/우리/그들)은 일하기를 원했나요?]

(현재) Does (he/she/Leo) want to work?
[(그/그녀/레오)는 일하기를 원하나요?]

(과거) Did (he/she/Leo) want to work?
[(그/그녀/레오)는 일하기를 원했나요?]

● Be happy (행복하다) ───────────────────

(현재) Do (I/you/we/they) want to be happy?
[(나/당신(들)/우리/그들)은 행복하기를 원하나요?]

(과거) Did (I/you/we/they) want to be happy?
[(나/당신(들)/우리/그들)은 행복하기를 원했나요?]

(현재) Does (he/she/Jay) want to be happy?
[(그/그녀/제이)는 행복하기를 원하나요?]

(과거) Did (he/she/Jay) want to be happy?
[(그/그녀/제이)는 행복하기를 원했나요?]

● A teacher (선생님)

(현재) Do (I/you) want to be a teacher?
[(나/당신)은 선생님이 되기를 원하나요?]

(과거) Did (I/you) want to be a teacher?
[(나/당신)은 선생님이 되기를 원했나요?]

(현재) Do (you/we/they) want to be teachers?
[(당신들/우리/그들)은 선생님이 되기를 원하나요?]

(과거) Did (you/we/they) want to be teachers?
[(당신들/우리/그들)은 선생님이 되기를 원했나요?]

(현재) Does (he/she/Leo) want to be a teacher?
[(그/그녀/레오)는 선생님이 되기를 원하나요?]

(과거) Did (he/she/Leo) want to be a teacher?
[(그/그녀/레오)는 선생님이 되기를 원했나요?]

③ **Have to**

Do(Does)/Did/Will + 주어 + have to + 동사원형(일반 동사) + ?

Do(Does)/Did/Will + 주어 + have to + be + 상태/감정/대상 + ?

★ have to는 현재와 미래 시제 모두 '앞으로 ~해야 한다'는 의미에서는 비슷하나 약간의 시간적 차이가 있다.
현재형은 물어보는 시점, 즉 현재의 필요성을 강조하며, 미래형은 앞으로의 가능성이나 예상에 초점을 맞춘다.

● Work (일하다) ────────────────

(현재) Do (I/you/we/they) have to work?
[(나/당신(들)/우리/그들)은 일을<현재 필요>해야 하나요?]

(과거) Did (I/you/we/they) have to work?
[(나/당신(들)/우리/그들)은 일을 했어야 하나요?]

(미래) Will (I/you/we/they) have to work?
[(나/당신(들)/우리/그들)은 일을<미래 예상>해야 할까요?]

(현재) Does (he/she/Hank) have to work?
[(그/그녀/행크)는 일을<현재 필요>해야 하나요?]

(과거) Did (he/she/Hank) have to work?
[(그/그녀/행크)는 일을 했어야 하나요?]

(미래) Will (he/she/Hank) have to work?
[(그/그녀/행크)는 일을<미래 예상>해야 할까요?]

● Be happy (행복하다) ────────────────

(현재) Do (I/you/we/they) have to be happy?
[(나/당신(들)/우리/그들)은 행복<현재 필요>해야 하나요?]

(과거) Did (I/you/we/they) have to be happy?
[(나/당신(들)/우리/그들)은 행복했어야 하나요?]

(미래) Will (I/you/we/they) have to be happy?
[(나/당신(들)/우리/그들)은 행복<미래 예상>해야 할까요?]

(현재) Does (he/she/Hank) have to be happy?
[(그/그녀/행크)는 행복<현재 필요>해야 하나요?]

(과거) Did (he/she/Hank) have to be happy?
[(그/그녀/행크)는 행복했어야 하나요?]

(미래) Will (he/she/Hank) have to be happy?
[(그/그녀/행크)는 행복<미래 예상>해야 할까요?]

● A teacher (선생님) ───────────────

(현재) Do (I/you) have to be a teacher?
[(나/당신)은 선생님이<현재 필요>되어야 하나요?]

(과거) Did (I/you) have to be a teacher?
[(나/당신)은 선생님이 되었어야 하나요?]

(미래) Will (I/you) have to be a teacher?
[(나/당신)은 선생님이<미래 예상>되어야 할까요?]

(현재) Do (you/we/they) have to be teachers?
[(당신들/우리/그들)은 선생님이<현재 필요>되어야 하나요?]

(과거) Did (you/we/they) have to be teachers?
[(당신들/우리/그들)은 선생님이 되었어야 하나요?]

(미래) Will (you/we/they) have to be teachers?
[(당신들/우리/그들)은 선생님이<미래 예상>되어야 할까요?]

(현재) Does (he/she/Hank) have to be a teacher?
[(그/그녀/행크)는 선생님이<현재 필요>되어야 하나요?]

(과거) Did (he/she/Hank) have to be a teacher?
[(그/그녀/행크)는 선생님이 되었어야 했나요?]

(미래) Will (he/she/Hank) have to be a teacher?
[(그/그녀/행크)는 선생님이<미래 예상>되어야 할까요?]

④ Be going to

Be동사(am,are,is) + 주어 + going to + 동사원형(일반 동사) + ?

Be동사(am,are,is) + 주어 + going to + be + 상태/감정/대상 + ?

★ 보통 현시점 기준으로 가까운 미래를 사용할 때 쓴다.
　(과거, 미래형은 생략)

● Work (일하다) ─────────────────

Am I going to work?
[내가 일을 할 건가요?]

Are you going to work?
[당신은 일을 할 건가요?]

Are (you/we/they) going to work?
[(당신들/우리/그들)은 일을 할 건가요?]

Is (he/she/Eunji) going to work?
[(그/그녀/은지)는 일을 할 건가요?]

● Be happy (행복하다) ─────────────

Am I going to be happy?
[내가 행복 하게 될까요?]

Are you going to be happy?
[당신은 행복 하게 될까요?]

Are (you/we/they) going to be happy?
[(당신들/우리/그들)은 행복 하게 될까요?]

Is (he/she/Eunji) going to be happy?
[(그/그녀/은지)는 행복 하게 될까요?]

● A teacher (선생님) ─────────────

Am I going to be a teacher?
[내가 선생님이 될까요?]

Are you going to be a teacher?
[당신은 선생님이 될까요?]

Are (you/we/they) going to be teachers?
[(당신들/우리/그들)은 선생님이 될까요?]

Is (he/she/Eunji) going to be a teacher?
[(그/그녀/은지)는 선생님이 될까요?]

기본 구조는 평지로, 도구가 들어간 문장은 경사로라고 생각하고 연습하면 쉽게 받아들일 수 있다. 의문문으로 바꿀 때도 기본적인 원칙은 똑같이 적용되며, 세부적인 방법에만 조금씩 차이가 있을 뿐이다. 여러 종류를 한 번에 보니 어렵고 복잡하다는 생각이 드는 것은 당연하다.

처음 운전대를 잡으면 전진만 하는 데에도 온몸에 힘이 들어가고 긴장하게 된다. 이때 후진까지 한 번에 배우려고 하면 초보자로서는 엄청난 부담과 혼란을 느끼게 된다. 하지만 이런 두려움을 극복하고 직접 해볼수록 숙련도가 쌓인다. 기초적인 구간에 익숙해진 뒤에는 다양한 상황에서도 그에 맞는 방법이 자연스럽게 떠오르고 몸이 먼저 움직인다.

지금까지 행위를 나타내는 'work', 감정을 나타내는 'be happy' 대상에 해당하는 'a teacher' 등을 주요 소재로 의문문 만드는 법을 익혀 보았다. 이제는 각자의 일상에서 다른 재료, 소재들을 찾아내어 질문을 해볼 차례다.

기능 기술 6.
방향 질문 만들기 (방향을 틀어 후진하기)

길이 항상 곧게 나 있는 것은 아니다. 좌우로 구부러진 길도 있고, 교차로에서는 어떤 길로 갈지 선택해야 할 상황도 발생한다. 이런 길에서 방향을 전환할 때는 운전대를 돌려 차의 방향을 바꿔 주어야 한다.

영어에서도 늘 'Yes'나 'No'로 대답하는 질문만 있지는 않다. 이때 원하는 답변을 얻기 위해서는 흔히 육하원칙(5W1H)이라고 부르는 방향 키를 이용할 필요가 있다. 5W1H는 WHO(누가), WHEN(언제), WHERE(어디서), WHAT(무엇을), WHY(왜), HOW(어떻게)로 구성된다.

평지 방향 후진 (Be 동사 / 일반 동사)

① Be 동사

(현재)

5W1H + Be 동사(Am, Are, Is) + 주어 + 상태/감정/대상 + ?

(과거)

5W1H + Be 동사(Was, Were) + 주어 + 상태/감정/대상 + ?

(미래)

5W1H + Will + 주어 + be + 상태/감정/대상 + ?

★ 5W1H 를 사용해 감정, 상태를 물어보는 질문은 전치사와 자주 쓰인다

Be happy (행복하다)

● WHO (누가) ─────────────────

(현재) Who am I happy with?
　　　[나는 누구와 행복한가요?]

(과거) Who was I happy with?
　　　[나는 누구와 행복했었나요?]

(미래) Who will I be happy with?
　　　[나는 누구와 행복하게 될까요?]

(현재) Who are (you/we/they) happy with?
[(당신(들)/우리/그들)은 누구와 행복한가요?]

(과거) Who were (you/we/they) happy with?
[(당신(들)/우리/그들)은 누구와 행복했었나요?]

(미래) Who will (you/we/they) be happy with?
[(당신(들)/우리/그들)은 누구와 행복하게 될까요?]

(현재) Who is (he/she/Minsun) happy with?
[(그/그녀/민선)는 누구와 행복한가요?]

(과거) Who was (he/she/Minsun) happy with?
[(그/그녀/민선)는 누구와 행복했었나요?]

(미래) Who will (he/she/Minsun) be happy with?
[(그/그녀/민선)는 누구와 행복하게 될까요?]

● WHEN (언제) ───────────────────────────

(현재) When am I happy?
[나는 언제 행복한가요?]

(과거) When was I happy?
[나는 언제 행복했었나요?]

(미래) When will I be happy?
[나는 언제 행복하게 될까요?]

(현재) When are (you/we/they) happy?
[(당신(들)/우리/그들)은 언제 행복한가요?]

(과거) When were (you/we/they) happy?
[(당신(들)/우리/그들)은 언제 행복했었나요?]

(미래) When will (you/we/they) be happy?
[(당신(들)/우리/그들)은 언제 행복하게 될까요?]

(현재) When is (he/she/Minsun) happy?
[(그/그녀/민선)는 언제 행복한가요?]

(과거) When was (he/she/Minsun) happy?
[(그/그녀/민선)는 언제 행복했었나요?]

(미래) When will (he/she/Minsun) be happy?
[(그/그녀/민선)는 언제 행복하게 될까요?]

● WHERE (어디서) ─────────────────────

(현재) Where am I happy?
[나는 어디서 행복한가요?]

(과거) Where was I happy?
[나는 어디서 행복했었나요?]

(미래) Where will I be happy?
[나는 어디서 행복하게 될까요?]

(현재) Where are (you/we/they) happy?
[(당신(들)/우리/그들)은 어디서 행복한가요?]

(과거) Where were (you/we/they) happy?
[(당신(들)/우리/그들)은 어디서 행복했었나요?]

(미래) Where will (you/we/they) be happy?
[(당신(들)/우리/그들)은 어디서 행복하게 될까요?]

(현재) Where is (he/she/Minsu) happy?
[(그/그녀/민수)는 어디서 행복한가요?]

(과거) Where was (he/she/Minsu) happy?
[(그/그녀/민수)는 어디서 행복했었나요?]

(미래) Where will (he/she/Minsu) be happy?
[(그/그녀/민수)는 어디서 행복하게 될까요?]

● HOW (어떻게)

(현재) How am I happy?
[나는 어떻게 행복한가요?]

(과거) How was I happy?
[나는 어떻게 행복했었나요?]

(미래) How will I be happy?
[나는 어떻게 행복하게 될까요?]

(현재) How are (you/we/they) happy?
　　　[(당신(들)/우리/그들)은 어떻게 행복한가요?]

(과거) How were (you/we/they) happy?
　　　[(당신(들)/우리/그들)은 어떻게 행복했었나요?]

(미래) How will (you/we/they) be happy?
　　　[(당신(들)/우리/그들)은 어떻게 행복하게 될까요?]

(현재) How is (he/she/Minsu) happy?
　　　[(그/그녀/민수)는 어떻게 행복한가요?]

(과거) How was (he/she/Minsu) happy?
　　　[(그/그녀/민수)는 어떻게 행복했었나요?]

(미래)) How will (he/she/Minsu) be happy?
　　　[(그/그녀/민수)는 어떻게 행복하게 될까요?]

● WHAT (무엇을) ─────────────────────

(현재) What am I happy about?
　　　[나는 무엇에 행복한가요?]

(과거) What was I happy about?
　　　[나는 무엇에 행복했었나요?]

(미래) What will I be happy about?
　　　[나는 무엇에 행복하게 될까요?]

(현재) What are (you/we/they) happy about?
　　　[(당신(들)/우리/그들)은 무엇에 행복한가요?]

(과거) What were (you/we/they) happy about?
　　　[(당신(들)/우리/그들)은 무엇에 행복했었나요?]

(미래) What will (you/we/they) be happy about?
　　　[(당신(들)/우리/그들)은 무엇에 행복하게 될까요?]

(현재) What is (he/she/Danny) happy about?
　　　[(그/그녀/데니)는 무엇에 행복한가요?]

(과거) What was (he/she/Danny) happy about?
　　　[(그/그녀/데니)는 무엇에 행복했었나요?]

(미래) What will (he/she/Danny) be happy about?
　　　[(그/그녀/데니)는 무엇에 행복하게 될까요?]

● WHY (왜) ─────────────────────

(현재) Why am I happy?
　　　[나는 왜 행복한가요?]

(과거) Why was I happy?
　　　[나는 왜 행복했었나요?]

(미래) Why will I be happy?
　　　[나는 왜 행복하게 될까요?]

(현재) Why are (you/we/they) happy?
[(당신(들)/우리/그들)은 왜 행복한가요?]

(과거) Why were (you/we/they) happy?
[(당신(들)/우리/그들)은 왜 행복했었나요?]

(미래) Why will (you/we/they) be happy?
[(당신(들)/우리/그들)은 왜 행복하게 될까요?]

(현재) Why is (he/she/Munhee) happy?
[(그/그녀/문희)는 왜 행복한가요?]

(과거) Why was (he/she/Munhee) happy?
[(그/그녀/문희)는 왜 행복했었나요?]

(미래) Why will (he/she/Munhee) be happy?
[(그/그녀/문희)는 왜 행복하게 될까요?]

② **일반 동사**

(현재)

5W1H +do/does + 주어 + 동사원형(일반 동사) + ?

(과거)

5W1H +did + 주어 + 동사원형(일반 동사) + ?

(미래)

5W1H +Will + 주어 + 동사원형(일반 동사) + ?

Work (일하다)

● WHO (누가) ─────────────────────

(현재) Who do (I/you/we/they) work with?
[(나/당신(들)/우리/그들)은 누구와 일하나요?]

(과거) Who did (I/you/we/they) work with?
[(나/당신(들)/우리/그들)은 누구와 일했나요?]

(미래) Who will (I/you/we/they) work with?
[(나/당신(들)/우리/그들)은 누구와 일할까요?]

(현재) Who does (he/she/this person) work with?
[(그/그녀/이 사람)은 누구와 일하나요?]

(과거) Who did (he/she/this person) work with?
[(그/그녀/이 사람)은 누구와 일했나요?]

(미래) Who will (he/she/this person) work with?
[(그/그녀/이 사람)은 누구와 일할까요?]

● WHEN (언제) ─────────────────────

(현재) When do (I/you/we/they) work?
[(나/당신(들)/우리/그들)은 언제 일하나요?]

(과거) When did (I/you/we/they) work?
[(나/당신(들)/우리/그들)은 언제 일했나요?]

(미래) When will (I/you/we/they) work?
[(나/당신(들)/우리/그들)은 언제 일할까요?]

(현재) When does (he/she/this person) work?
[(그/그녀/이 사람)은 언제 일하나요?]

(과거) When did (he/she/this person) work?
[(그/그녀/이 사람)은 언제 일했나요?]

(미래) When will (he/she/this person) work?
[(그/그녀/이 사람)은 언제 일할까요?]

● WHERE (어디서) ─────────────────

(현재) Where do (I/you/we/they) work?
[(나/당신(들)/우리/그들)은 어디서 일하나요?]

(과거) Where did (I/you/we/they) work?
[(나/당신(들)/우리/그들)은 어디서 일했나요?]

(미래) Where will (I/you/we/they) work?
[(나/당신(들)/우리/그들)은 어디서 일할까요?]

(현재) Where does (he/she/this person) work?
[(그/그녀/이 사람)은 어디서 일하나요?]

(과거) Where did (he/she/this person) work?
[(그/그녀/이 사람)은 어디서 일했나요?]

(미래) Where will (he/she/this person) work?
[(그/그녀/이 사람)은 어디서 일할까요?]

● HOW (어떻게) ────────────────────────────

(현재) How do (I/you/we/they) work?
[(나/당신(들)/우리/그들)은 어떻게 일하나요?]

(과거) How did (I/you/we/they) work?
[(나/당신(들)/우리/그들)은 어떻게 일했나요?]

(미래) How will (I/you/we/they) work?
[(나/당신(들)/우리/그들)은 어떻게 일할까요?]

(현재) How does (he/she/this person) work?
[(그/그녀/이 사람)은 어떻게 일하나요?]

(과거) How did (he/she/this person) work?
[(그/그녀/이 사람)은 어떻게 일했나요?]

(미래) How will (he/she/this person) work?
[(그/그녀/이 사람)은 어떻게 일할까요?]

● WHAT (무엇을) ───────────────────────────

(현재) What do (I/you/we/they) work?
[(나/당신(들)/우리/그들)은 무슨 일하나요?]

(과거) What did (I/you/we/they) work?
[(나/당신(들)/우리/그들)은 무슨 일했나요?]

(미래) What will (I/you/we/they) work?
[(나/당신(들)/우리/그들)은 무슨 일할까요?]

(현재) What does (he/she/this person) work?
[(그/그녀/이 사람)은 무슨 일하나요?]

(과거) What did (he/she/this person) work?
[(그/그녀/이 사람)은 무슨 일했나요?]

(미래) What will (he/she/this person) work?
[(그/그녀/이 사람)은 무슨 일할까요?]

● WHY (왜) ───────────────

(현재) Why do (I/you/we/they) work?
[(나/당신(들)/우리/그들)은 왜 일하나요?]

(과거) Why did (I/you/we/they) work?
[(나/당신(들)/우리/그들)은 왜 일했나요?]

(미래) Why will (I/you/we/they) work?
[(나/당신(들)/우리/그들)은 왜 일할까요?]]

(현재) Why does (he/she/this person) work?
[(그/그녀/이 사람)은 왜 일하나요?]

> (과거) Why did (he/she/this person) work?
>   [(그/그녀/이 사람)은 왜 일했나요?]
>
> (미래) Why will (he/she/this person) work?
>   [(그/그녀/이 사람)은 왜 일할까요?]

영어로 질문하기가 쉽지 않겠지만, 당연한 현상이다. 처음 해보는데 잘 하는 것이 오히려 이상한 일이다. 다른 사람이 영어로 말하는 것을 보면 나도 쉽게 할 수 있을 것 같았지만, 막상 직접 말하려고 하면 완전히 다른 상황이 펼쳐진다. 남이 하는 운전은 쉬워 보이지만 내가 운전석에 앉으면 새롭게 느껴지는 것과 마찬가지다. 하지만 이러한 어색함도 잠시, 경험이 쌓이고 몸에 익으면 당시의 공포는 아무것도 아니었다는 것을 알게 된다. 결국 모든 것은 머리로 아는지가 아니라 몸이 적응했는지에 달려 있다.

후진은 전진보다 사용 빈도가 적지만 운전할 때 없어서는 안 될 기술인 것처럼 의문문도 영어 말하기에 있어 필수적이다. 대화할 때 내가 하고 싶은 말만 할 수는 없으며, 상대의 의사나 생각을 묻는 대화도 빈번하게 이루어지기 때문이다. 종류가 너무 많아 복잡하다고 느껴질 수도 있지만, 일정한 규칙이 있다는 점을 이해하면 생각보다 쉽게 익힐 수 있다. 몸에 익숙해지고 나면 실전에서 활용할 때 굳이 규칙을 생각하지 않고도 자연스럽게 말이 흘러나올 것이다.

운전할 때 후진하는 상황마다 규칙을 머릿속으로 그려본 뒤에 행동하지는 않는다. 브레이크를 밟고 후진기어로 바꾼 뒤 약하게 엑셀을 밟으며, 오른쪽으로 가야 할 때는 운전대를 반시계 방향으로 돌린다. 후진으로 오르막길을 올라야 할 때는 엑셀을 조금 더 깊게 밟으며, 내리막길에서는 거의 밟지 않고 상황에 따라 속도를 조절하기 위해 브레이크를 밟는다. 이 모든 과정은 **반복된 경험으로 행동 양식이 몸에 익어 자동적으로 반응**하면서 이루어진다.

위 예문들은 독자 여러분의 이해를 돕기 위한 것이며, 그 외에도 수많은 형태의 문장을 만들 수 있다. 각자 자신의 상황에 맞게 다양한 소재를 활용해 말하고 싶은 내용을 입으로 내뱉어 봐야 한다. 동사를 바꿀 수도 있고 주어와 목적어를 바꿔도 좋다. 연습하는 문장이 다양할수록 우리의 몸은 더 많은 상황에 대처할 수 있는 말하기 기술을 갖출 수 있다.

기능 시험을 마무리하며

사실 이 책의 전 과정을 통틀어 기능 시험이 가장 어려운 과정이라고 할 수 있다. 난생처음 입으로 영어 말하기라는 실전을 경험하는 것이기 때문이다. 운전면허를 취득할 때도 처음 운전대를 잡는 기능 시험이 가장 긴장되기 마련이다. 항상 이론으로 익혔던 영어를 입으로 직접 말해 보려니 보통 어려운 일이 아니다. 혀가 뒤틀리는 것처럼 발음이 꼬이기도 하고, 머릿속에서 완성한 문장이 목구멍에 걸려 있는 것처럼 느껴지기도 한다.

하지만 자신감을 잃을 필요는 없다. 운전면허도 처음 기능 시험을 보는 응시자 중 30~40%만이 통과하고 나머지 60~70%는 탈락해 재시도를 한다고 한다. 누구나 잘할 수 있지만, 처음부터 잘하는 사람은 거의 없다. 몸이 기억할 때까지 기능 시험을 위한 기술들을 반복해 연습하면 된다. 물론 어느 정도 지루한 여정이 되겠지만, 생각처럼 시간이 오래 걸리지는 않을 것이다. 제대로 된 방법을 알지 못한 채 짧게는 수 년, 길게는 십 년 이상 무작정 공부한 뒤에도 영어 말하기를 하지 못하는 것에 비하면 찰나에 불과하다.

굳이 완벽해지려 노력하지 않아도 된다. 100점 만점을 기준으로 80점만 넘으면 충분하다. 기능 시험을 통과했다는 것은 모든 평서문과 의문문을 100% 유창하게 말할 수 있다는 의미가 아니다. **모를 수도, 틀릴 수도, 머뭇거릴 수도 있다. 하지만 입을 떼서 이야기할 수 있고, 배운 기술을 활용하는 능력을 갖추었다는 의미다.**

"이런 기초만 익힌다고 하고 싶은 말을 할 수 있을까?"

당연한 의문이다.

기능 시험을 치렀지만 실제 도로에서 운전을 할 수 있을지 확신할 수 없는 것과 비슷하다. 하지만 기능 시험을 통과하고 나서 배운 기술을 각 도로 상황에 맞게 변형, 응용해서 운전하는 도로주행으로 넘어갔을 때를 생각해 보자. 기능 시험에서 익힌 기술은 도로주행의 기본이 된다. 영어 말하기도 기능 기술을 탄탄하게 다졌다면 일상에서 영어 말하기를 할 때 능수능란하게 응용, 변형하는 기본기로 활용할 수 있다. 몸이 기억할 때까지 연습해 보자.

STEP 4

영어 말하기 주행 시험

영어 말하기 면허

영어 말하기 주행 시험에 들어가며

앞선 기능 시험을 통해 기술을 체득했다면, 단 한 마디의 영어도 하지 못했던 과거의 자신과는 작별한 것이다. 능숙하지는 못할지라도 필요한 상황에서는 스스로 영어를 말할 수 있게 되었기 때문이다. 하지만 우리의 궁극적인 목표가 '다양한 상황에서 내가 하고 싶은 말을 영어로 말할 수 있는 기술을 배우는 것'인 만큼 아직 끝난 것은 아니다. 내가 원하는 곳으로 운전할 수 있는 능력과 자격을 갖추는 것이 운전면허를 취득하는 목적이듯, 영어 말하기도 실제 상황에서 활용할 수 있어야 의미가 있다. 그러기 위해서는 마지막 관문이라고 할 수 있는 '주행 시험'을 통과해야 한다.

주행 코스에 들어간다는 것은 실전 영어 말하기 기술을 사용하는 구간에 진입했다는 의미다. 혼잣말을 하며 연습했던 기능 시험 단계와는 달리 듣는 사람이 존재하는 상황을 상정하고 말하는 상황으로 바뀐 것이다. 주행 코스와 기능 코스의 차이점은 각 상황이 독립적으로 존재하지 않고 유기적으로 연결되어 있다는 데에 있다. 앞서 단문으로 하나씩 말하던 문장들을 이어서 사용하는 상황으로 변한 것이다. 또한, 기능 코스에서 보지 못했던 차들, 횡단보도를 건너는 사람, 주위 풍경, 교차로, 터널 등 다양한 요소들이 등장한다. 말하기를 할 때도 1:1 상황만 있는 것이 아니다. 여러 사람과 대화를 나눌 때도 있으며, 내 생각이나 상태 외에 다른 것을 표현하는 기술도 필요하다. 말 그대로 '진짜 운전'이 시작된 것이다.

주행 시험 준비하기

이제부터는 나뿐 아니라 대화 상대와 주변 상황을 고려해 말해야 한다. 주행 코스부터는 대상과 상황이 다양해지며, 대화 상대가 있는 만큼 질문도 하게 되고 상대의 물음에 답해야 할 때도 생긴다. 하지만 처음부터 모든 상황에 대처하는 운전법을 알아야 하는 것은 아니다. 차근차근 경험하며 말하기의 대상이 확장된다는 것을 인식하고, 그에 맞는 표현들을 익혀 나가면 된다. 베테랑 택시 기사처럼 능숙하게 운전하고 싶다면 그만큼 운전 경험을 쌓아야 하듯, **영어 말하기를 잘하고 싶다면 다양한 소재로 반복해서 연습**하면 된다.

우리는 택시 기사분들의 운전 실력을 보며 '나는 왜 저렇게 운전을 잘하지 못할까?', '내 운전에는 뭐가 부족한 것일까?'와 같은 생각을 하지 않는다. 딱히 의식하지 않기 때문일 수도 있지만, 택시 기사들의 운전 실력이 오랜 운전 경험에서 비롯되었다는 것을 무의식적으로 알고 있기 때문이 아닐까? 영어 말하기도 운전처럼 오랜 연습과 경험 속에서 기르는 '몸의 기술'이다.

이런 경험의 첫 단추가 주행 코스다. 주행 코스의 핵심은 '자기소개'에 있다. 기능 코스에서는 화자인 나를 중심에 두고 표현했지만, 이제는 나를 둘러싼 환경에도 신경을 써야 한다. 이렇게 확장된 환경 속에서 써야 할 기술(표현)을 배우는 첫 과정이 자기소개다. 하지만 처음 맞이하는 주행 코스는 크게 복잡하지 않은, 즉 난이도가 낮은 환경이어야 한다. 대부분 기능 코스에서 익힌 기본적인 표현으로 구성되지만, 간혹 새로운 기술을 사용해야 할 때도 있다.

My name is Jaehwan Kang.
[나의 이름은 강재환입니다]

I was born and raised in Korea.
[나는 한국에서 태어나고 자랐습니다]

I am 41 years old.
[나는 41세입니다]

I got married in 2014.
[나는 2014년 결혼을 하였습니다]

I have a wife and a son.
[나는 아내와 아들이 있습니다]

I studied Materials Science and Engineering.
[나는 신소재 공학을 전공하였습니다]

I work for a semiconductor company.
[나는 반도체 회사에서 일을 합니다]

I had worked as an engineer at this company for 9 years.
[나는 회사에서 9년간 엔지니어로 일 했었습니다]

For the past 6 years, I have been selling our company's products.
[나는 지난 6년간 우리 회사 제품을 파는 일을 해왔습니다]

I travel to U.S to meet the customers for business trips.
[나는 고객을 만나러 미국으로 출장을 갑니다]

My strength is in execution.
[내 강점은 실행력입니다]

On the flip side, I am not good at finishing things.
[반면에 마무리에 약합니다]

> I'm working on improving this by making an effort to plan for everything.
> [이 점을 개선하려 모든 일에 계획을 세우려 노력합니다]
>
> I play soccer with my son once a week.
> [나는 일주일에 한 번씩 아들과 축구를 합니다]
>
> I like to travel to many countries with warm weather around the world.
> [나는 전세계 따뜻한 나라를 여행하는 것을 좋아합니다]
>
> I am an ordinary office worker.
> [나는 평범한 직장인입니다]

한글로는 크게 복잡하지 않은, 간단한 문장들로 만든 자기소개다. 하지만 막상 영어로 보니 한국어로 말할 때와는 다른 느낌이 든다. 가장 큰 이유는 단문 위주로 연습하던 기능 코스와는 달리, 주행 코스에서는 두 개 이상의 단문이 연결되어 있거나 수식어가 들어가 문장을 더욱 다채롭게 만들기 때문이다.

처음 주행 시험을 봤을 때를 생각해 보면 막상 도로에 나간다는 생각에 두려움이 온몸을 엄습했을 것이다. 수많은 차들과 신호등, 사람들에 이르기까지 내 실력으로 이 모든 상황에 대처하기는 불가능할 것 같은 생각이 든다. 하지만 남들도 다 따는 면허인 만큼 나도 할 수 있다는 막연한 자기 확신으로 운전대를 잡는다.

  도로 주행을 처음 할 때의 어색함과 어설픔은 누구나 경험한다. 처음 영어로 자기소개를 할 때도 같은 느낌을 받을 것이다. 여러 문장이 연결되고, 각종 형용사와 부사로 이루어진 수식어가 결합된 문장을 말해본 적이 없으니 어렵고 막막한 것이 당연하다. 해본 적이 없다고 영원히 못하는 것은 아니다. 위에 예시로 든 자기소개 문장들을 입으로 소리 내어 말해보자. 한 문장씩 구분해서 말하지 않고, '자기소개'라는 하나의 주행 코스라는 생각으로 쭉 이어서 말해보면 된다. 이미 기능 코스에서 기본기를 익혔으니 충분히 할 수 있다.

  정해진 주행 코스를 따라가는 것은 가능하지만 나만의 주행 코스를 설계하기는 막막하게 느껴질 것이다. 그렇다면 먼저 다른 사람들의 주행 코스를 보고 어떻게 코스를 설계할지 고민해 보자.

나의 소개 ver. 1

안녕하세요 제 이름은 조지윤입니다. 저는 26살입니다. 1997년에 서울에서 태어나고 자랐습니다. 제가 태어난 해에 한국에서는 IMF라는 외환 위기가 있었다고 합니다.

저희 가족은 아빠, 엄마, 여동생 그리고 저 이렇게 4식구입니다. 저는 대학에서 인문학을 전공했습니다. 지금은 대학을 졸업하고 취업을 준비하고 있습니다. 가족들과 한집에 사는 것도 좋지만 직장을 구해 독립해서 살아보고 싶은 소망이 있습니다. 어쩌면 그게 빨리 직장 생활을 시작해서 돈을 벌고 싶은 가장 큰 이유 인지도 모르겠습니다.

저는 다소 내성적인 성격입니다. 그렇다고 사람들 만나는 것을 꺼려 하지는 않지만 혼자 있는 시간도 즐기는 편입니다. 물론 친한 친구들 만나서 맛집도 가고 가끔씩 수다 떨며 술 마시는 것도 정말 좋아합니다. 주량은 소주 3잔도 안되지만 맥주는 소주보다는 훨씬 많이 먹을 수 있습니다. 특히 여름에 치맥은 못 참지요.

여행도 너무 좋아하는데 코로나로 인해 지난 3년간 해외로 여행을 못 갔네요. 코로나 전 마지막으로 갔던 곳이 뉴욕이었는데 너무 좋았습니다. 고층 빌딩, 여러 문화가 뒤섞여 있던 뉴욕, 뉴욕에서 보냈던 1주일은 너무 행복했습니다. 직장을 구한다면 첫 휴가지로 다시 뉴욕에 갈 거예요. 그때까지 돈을 열심히 모아야겠네요.

제 삶의 모토는 자기만족이에요. 어떤 것이던 내가 좋고 행복한 것이 삶에서 가장 중요하다고 생각해요. 물건을 살 때에도, 여행을 갈 때에도, 무슨 일을 하거나 항상 이런 것을 중심으로 결정하는 편이에요.

Hello, my name is Jiyun Jo. I'm 26 years old. I was born and raised in Seoul. When I was born, there was an economic crisis called IMF in Korea

We are four in our family: Dad, Mom, my little sister and me. I majored in humanities in college. Currently, I have graduated from university and I am preparing for employment. While it's nice to live with my family under one roof, I have a desire to find a job, become independent, and live on my own. Perhaps that's also one of the biggest reasons why I want to start working soon, to earn money.

I'm a bit shy and quite. I don't mind meeting people, but I also enjoy time alone. I really enjoy hanging out with friends, going to good restaurants, chatting, and having drinks. I can't handle much alcohol, maybe just three shots of soju, but I can drink much more beer than soju. Especially in summer, I can't resist chicken and beer.

I also love traveling, but I didn't go on trips abroad for 3 years because of COVID. The last place I visited before the pandemic was New York, and it was amazing. The tall buildings, diverse cultures, I was really happy during my week in New York. If I find a job, I plan to visit New York again for my first vacation. Until then, I have to save money diligently.

The life motto is self-satisfaction. I think it's most important to like and enjoy whatever makes me happy. I decide things based on this, whether I'm buying something or going on a trip and so on.

나의 소개 ver. 2

안녕하세요. 저는 이현우라고 합니다. 제 나이는 36세입니다. 고향은 부산이고요 지금은 직장 근처 경기도 동탄에 살고 있습니다. 직장을 다니기 전까지 부산에서 자랐습니다. 대학교 때부터 만난 아내와 5년 전 결혼을 했고 4살 1살 2명의 아이가 있습니다.

사람 만나는 것을 좋아하고 외향적인 성격이라 서핑 동호회에서도 활동을 했고 사람들과 모임도 자주 갖는 편이었습니다. 결혼 이후, 두 아이의 아빠가 되고 나서부터는 개인적으로 쓸 수 있는 시간이 많이 줄어들었습니다.

현재는 재테크에 관심을 많이 갖고 있습니다. 제 꿈은 서울에 집을 사는 것입니다. 물론 현재 월급만으로는 한 달 생활비를 감당하기도 벅차긴 하지만요. 꿈은 높게 꿀 수록 좋다는 말이 있지 않습니까?

유일한 취미라면 게임이네요. 아이들이 모두 자고 나면 자기 전까지 1시간여의 시간이 저에게 주어진 유일한 자유 시간입니다. 게임하다 보면 1시간은 금방 지나갑니다. 이 1시간여의 시간은 하루의 피로를 깨끗이 날려 버릴 수 있는 제 일상의 유일한 희망입니다.

보통 주말에는 가족들과 시간을 보냅니다. 매주 이번에는 어디를 놀러 갈까 고민합니다. 코로나 이후 캠핑에 관심이 많이 생겨 캠핑 장비를 종류별로 구입하였습니다. 고속도로에 들어서면 언제나 차가 많아서 힘이 듭니다만 아이들 데리고 캠핑장 가서 텐트도 치고 고기도 구워 먹고 맥주도 한잔하며 일주일간의 스트레스를 날려 버립니다.

내년 직장에서 승진 심사를 앞두고 있습니다. 영어 시험도 봐야 해서 스피킹 시험을 준비해야 하는데 쉽지 않네요. 학교를 졸업하고 사회생활을 시작하면 시험은 없을 줄 알았습니다. 직장 생활을 하면서 제가 잘못 생각했는지 깨닫게 되었습니다. 시험 준비한다고 전화 영어를 신청해서 1주일에 3번 외국인과 영어로 전화 통화를 하고 있습니다. 생각보다 실력이 늘고 있는 것 같지 않아서 걱정입니다. 삶의 목표는 직장 생활하면서 승진도 하고 재테크도 잘해서 우리 가족이 행복하게 사는 집을 장만하는 것입니다. 그리고 우리 가족 모두가 건강했으면 좋겠습니다.

Hello, my name is Hyunwoo Lee. I'm 36 years old. I'm from Busan, but currently, I live near my workplace in Dongtan, Gyeonggi Province. I grew up in Busan until I started working. Five years ago, I got married to my wife, whom I met in college, and we have two kids, aged 4 and 1.

I like meeting people and I'm outgoing. I did surfing club activities and often hung out with people. However, after becoming a dad, I have less time for myself.

Currently, I like learning about money and hope to buy a house in Seoul. Right now, my salary covers basic expenses, but dreaming big is a good thing. right?

My only hobby is playing games. When all the kids are asleep, I have an hour of free time until bedtime. Times flies when I play games. This one hour is my only hope to shake off the fatigue of the day.

I usually hang out with my family on weekends. I think about where to go every week. Since Covid, I got into camping. I bought camping stuff. It's tiring with traffic on highways, but taking the kids camping, setting up a tent, BBQ, having a beer - it helps me relax for the week.

I have a job promotion evaluation next year and I have to take an English test. I'm preparing for a speaking test. It's not easy. I thought I wouldn't have tests after graduation from school. I'm doing phone English classes 3 times a week to get ready for the test. But I don't feel as good as I thought. My goal in life is to do well in my job, get promoted. And I want to make good financial decisions. I want to buy a nice home for our family to live happily. And I hope my family stays healthy.

나의 소개 ver. 3

안녕하세요. 제 이름은 김성희입니다. 40대 중반의 여성이고요. 두 명의 자녀를 키우고 있습니다. 첫째는 고등학생이고 둘째는 중학생이에요. 아이들 초등학교 보낼 때가 엊그제 같은데 벌써 10년 가까이 지났네요. 시간이 정말 빠름을 느낍니다.

직장 생활하다가 둘째 아이까지 낳고 직장을 그만뒀습니다. 주위 도움 없이 한국에서 아이 2명 키우면서 직장 다니기가 쉽지 않더군요.

요즘 저의 최대 관심사는 아이들 교육이에요. 첫째 아이는 올해 고등학생이 되어 아이뿐만 아니라 저도 덩달아 바빠졌네요. 올해 주말부터는 아이들 학원에 데려다주고 또 집에 데리러 오고하다 보면 금세 하루가 다 지나갑니다. 여행하는 것을 좋아해서 아이들이 어렸을 때는 시간이 날 때마다 가까운 곳이라도 여행을 가곤 했었는데 앞으로 몇 년간은 여행 가기 쉽지 않을 것 같네요. 나중에 아이들 모두 성인이 되고 나면 남편과 같이 세계 일주를 해보는 게 저희 부부의 버킷 리스트 1번이랍니다.

아이들 교육 때문에 거실에 TV를 없애 버려서 핸드폰으로 넷플릭스 드라마를 자주 봐요. 재미있는 드라마를 한번 보기 시작하면 새벽까지 에피소드 전체를 다 보기도 해요. 물론 다음 날 컨디션이 엉망이 되긴 하지만 요즘 같은 일상엔 제가 스트레스를 풀 수 있는 유일한 방법이에요.

40대 중반을 넘어서니 몸 이곳저곳 갑자기 아픈 곳들이 생기더라고요. 헬스장에 가서 운동을 하려고 마음은 먹었는데 일주일에 한 번도 못 갔네요. 더 늦기 전에 꾸준히 운동을 할 거예요.

최근 물가가 많이 올라 걱정이 많아요. 아이들 학원비에 들어가는 돈과 이것저것 쓰다 보면 매월 적자입니다. 대출이 많아 걱정이긴 해요. 그래도 아이들이 좋은 성적을 낼 수만 있다면 어떻게 해서라도 교육비를 감당할 수 있다고 생각해요.

예전에는 이것저것 꿈이 많았는데 현재 꿈은 단순해요. 우리 남편, 아이들 모두 건강하고 첫째, 둘째 모두 공부 잘해서 좋은 대학 갔으면 하는 게 제 바람입니다.

Hi, I'm Seonghee Kim. I'm a woman in my mid-40s. I have two kids an eldest in high school and a second child in middle school. I can't believe it's been almost 10 years since they started elementary school. Time really flies.

I stopped working when my second kid was born. It was not easy raising two children in Korea without much help while doing a job in workplace.

Lately, my main focus is on my kids' education. With my oldest in high school now, both of us are pretty busy. I have to drop them off at various academies on weekends and pick them up. It makes the day go by quickly. I used to enjoy traveling when they were younger, but looks like it seems hard to travel in the next few years. Someday, when our kids are grown, my husband and I want to travel the world. It's our top dream.

I took TV out of the living room for kids' studies, so I watch Netflix on my phone. Sometimes I end up watching dramas until dawn. It might mess up my next day, but in today's routine, it's the only way I can relieve stress in my daily life.

As I passed mid-40, I started feeling pain in different parts of my body. I wanted to go to the gym, but I couldn't go even once a week. I will try to exercise regularly before it's too late.

I'm quite worried about the recent rise in prices. With the kids' academy costs and other expenses, we're in the red. And I have many loans, and it makes me worried. However, I believe that if my children can achieve good grades, I'll find a way to manage the education expenses no matter what.

I used to have many dreams, but now it's simple. I

> just want my husband and kids to stay healthy and for my kids to do well in their studies and go to good universities.

위 세 개의 예문이 어렵고 낯설게 느껴질 수 있다. 나의 이야기가 아니기에 당연한 반응이다. 하지만 나의 주행 코스에 넣어 이용할 수 있는 기술이 들어 있으니 참고하면 좋을 것이다. 어떤 표현을 어떻게 하는지 살펴보고 내 상황에 맞게 응용하면 된다. 내 주행 코스에 좌회전 구간이 있다면 앞에 있는 차가 어떻게 좌회전을 하는지 본보기로 삼아 그 선을 따라가는 것과 같다. 중요한 것은 **어떤 기술이든 내 상황에 맞춰 응용, 변형해 직접 말해보는 것**이다. 그래야 내 몸이 기억하는 기술로 발전할 수 있다.

자기소개만 완전히 몸에 익혀도 외국인을 만났을 때 꿀 먹은 벙어리가 되는 최악의 상황은 피할 수 있다. 중요한 것은 이 자기소개를 큰 소리로 반복해 말하면서 몸이 완벽히 기억할 때까지 각인시키는 것이다. 언제 어디서 누가 나에게 "영어로 자기소개를 해 주세요."라고 요청한다면 조금도 망설이지 않고 자동반사적으로 내 입에서 나오도록 연습해야 한다. 나아가 자기소개 요청이 있을 때 생각에 앞서 입이 말하는 수준까지 도달해야 한다.

연습한다고 하니 무척 간단해 보이지만, 다양한 상황을 맞닥뜨리는 실제 도로에서 운전하는 데에 정말 도움이 될지 의심이 생길 수 있다. 단언컨대 엄청나게 도움이 된다. 우리 신체는 뛰어난 응용력을 갖고 있다. 자기소개에 포함된 양질의 구조를 반복 연습하면 기본적인 영어 말하기의 골격이 체화된다. 튼튼하고 체계적으로 구축이 되면 여러 일상 대화에 의식적, 무의식적으로 사용될 수밖에 없다.

운전할 때도 면허를 취득한 뒤에 처음 혼자 운전하며 접하는 도로는 분명 주행 코스와는 다르다. 하지만 주행 코스에서 사용했던 여러 기술을 응용하며 어설픈 운전 실력으로나마 목적지에 도착할 수 있다. 몸에 익힌 기술을 응용하고 자기 상황에 적용하는 힘이 있기에 가능한 현상이다.

영어로 자기소개를 할 때도 매번 똑같이 말할 수는 없다. 상대에 따라, 환경에 따라 다양한 상황에 맞닥뜨리기 때문이다. 하지만 어설프게나마 말할 수 있는 이유는 기능 시험과 주행 시험에서 익힌 기술을 적절히 조합할 수 있기 때문이다. 처음에는 문장 구성도 어색하고 한마디를 하기까지 생각보다 긴 시간이 소요될 수 있지만, 계속 시도하다 보면 시간이 단축되고 문장도 더 유려하게 다듬어질 것이다.

'지금의 내 모습'을 언제 어디서나 자신 있게 표현할 수 있도록 나만의 주행 코스, 자기소개를 만들어 보기를 바란다. 아직 초급 수준이라면 기초적인 문장으로 구성하고, 어느 정도 실력이 갖춰졌다고 판단된다면 조금 더 복잡한 형태의 문장을 구사해 보자. 어느 누구도 나보다 나를 더 잘 알 수는 없고, 표현도 마찬가지다. 그러니 자신감을 갖고 도전해 보자.

인터넷에 '영어 자기소개'를 검색하면 수많은 예시들을 볼 수 있다. 하지만 **그렇게 마음에 와닿지 않는 내용들로 이루어진 자기소개는 의미가 없다.** 나는 주말에 영화를 보지 않을 수 있고, 특별한 취미가 없을 수도 있다. 내 일상에서는 현지인들이 평소에 자주 쓰는 문장을 사용할 상황이 발생하지 않을지도 모른다. 그러니 '진짜 나'를 표현할 수 있는 이야기를 '나의 문장'으로 만들어 보자. 그래야 내 감정이 말에 녹아들고, 소리 내어 말하는 과정에서 음절 하나하나가 뼛속까지 새겨진다.

뼛속까지 음절 하나하나가 새겨진다는 표현이 와닿지 않을 수 있지만, 자기소개로 말하는 모든 문장에 엄청나게 감정이 이입되는 느낌이라고 할 수 있다. 예를 들어, '나는 사람 만나는 것을 매우 좋아하는 사람입니다.'라는 문장을 표현한다고 생각해 보자. 사람 만나는 것을 좋아한다면 외향적이고 밝은 성격을 지니고 있을 가능성이 크다. 이런 성격의 소유자는 보통 웃는 인상을 가지고 있으며, 목소리도 경쾌하다. 이 문장을 영어로 말할 때는 자신의 성향과 사람을 만나는 장면이 생각나면서 그런 태도가 몸에 나타나게 된다. 내가 하는 말에 밝고 경쾌한 감정이 이입된 상태인 것이다.

그러니 자기소개는 심혈을 기울여 만들기를 추천한다. 모든 영어 말하기 기술의 원천이자 출발점이 되는 척추 같은 역할을 하기 때문이다. 자기소개를 계속 보완하고 업그레이드하면서 충실하고 풍성하게 내용을 구성할수록 영어 말하기의 숙련도를 높이는 길은 훨씬 수월해질 것이다.

영어 말하기 면허 취득 성공

 이제 필기부터 기능, 주행 시험까지 영어 말하기 면허 취득을 위한 3단계가 모두 끝났다. 영어 말하기 면허를 취득했다는 것은 내가 하고 싶은 이야기를 영어로 말하는 능력을 갖췄음을 의미한다. 이 능력은 **입 밖으로 내지 못하던 영어 문장을 직접 말하는 데에서 비롯된 것**이다. 새로운 도전에 용기 내어 임하고 성공적으로 마지막 과정까지 마쳤다는 데에 자신감을 가져도 된다.

 영어권 국가에 거주하는 사람도 풀기 힘든 어려운 영어 문제를 셀 수 없을 정도로 읽고 생각하고 고민하고 풀었던 시절을 생각해 보면

절로 대단하다는 말이 나온다. 하지만 그렇게 영어를 많이 접했음에도 정작 영어로 말해야 하는 상황에서는 한 마디를 못하는 사람들이 굉장히 많다.

한국어를 배우는 외국인들에 비유해 봐도 마찬가지다. 모국에서 한국어 수업을 듣고 한국인들에게도 어려운 문제들을 풀기 위해 수많은 단어를 암기하고 긴 지문을 읽으며 공부한 외국 학생이 있다. 그에게 "한국어로 자기소개를 해 주세요."라고 갑자기 요청한다면, "안녕하세요. 제 이름은 존입니다." 정도밖에는 말하지 못할 것이다. 직접 한국어를 말해본 적이 없기 때문이다.

일상에서 어떤 말을 자주 하는지 생각해 보자.

"나 커피 마시고 있어."
"나 집에 가고 있어."
"나 회사에 출근하고 있어."
"나 운전 중이야."
"나 샤워하고 있어."
"우리 어제 회식했어."
"우리 가족은 저녁을 먹을 거야."

한국어로 보면 매우 간단한 수준의 문장이다. 하지만 누군가 우리에게 영어로 물어본다면 대부분 자신 있게 대답하기는 어려울 것이다. 지적 능력이 떨어져서도, 원래 영어를 못해서도, 영어에 소질이 없어서도 아니다. 직접 말해본 적이 없기 때문이다. 책에서, TV에서, 인터넷에서 등 보고 들은 적이 많아 문장을 만드는 것은 쉽고 익숙하다. 하지만 그 쉬운 문장을 실제로 말해보지 않았기 때문에 막상 질문을 받았을 때 입이 떨어지지 않는 것이다.

부모님, 친구들이 운전하는 것을 보고, 도로 위에서 편하고 자연스럽게 갈 길을 가는 차들을 봐 왔기 때문에 운전을 잘할 수 있다고 생각하는 것과 같다. 초보 운전자의 옆에 앉으면 내가 운전대를 잡아도 더 잘할 수 있을 것 같고 답답하게만 느껴진다. 직접 운전해보기 전에는 결코 초보 운전의 마음을 이해할 수 없다.

기초적인 문장을 말하기에는 내 실력이 더 낫다고 생각하더라도, 더 복잡하고 멋진 문장을 만들고 싶더라도 일단 단순한 것부터 소리를 내어 직접 말해봐야 한다. 장기간 운전 경력이 있어도 항상 복잡하고 어려운 길만 가는 것은 아니다. 쉽고 익숙한 길을 가기도 하고, 넓은 10차선 도로를 달리기도 한다. 단순한 기술들이 몸에 익고 어느 정도 경지에 오르면 복잡한 문장을 만들고 구사할 수 있는 내공이 쌓인다.

급하게 생각할 필요는 없다. 제대로 된 방법으로 직접 익히고 연습한다면 그 길이 멀게만 느껴지지는 않을 것이다.

STEP 5

초보 운전 떼기

영어 말하기 면허

자기소개를 넘어

 다른 사람에게 영어로 하고 싶은 말이나 자기소개를 할 수 있다면 영어 말하기 면허증은 취득한 것이다. 영어를 십수 년 공부한다고 해서 면허를 딸 수 있는 것은 아니다. 자동차의 분해도와 각 부품의 기능을 세밀하게 연구한다고 해서 운전면허를 취득할 수 없는 것과 같다. 엑셀, 브레이크를 밟고 운전대를 돌려보기도 하면서 차의 움직임을 직접 몸으로 느껴봐야 한다. 직접 연습하고 코스를 돌면서 면허를 취득했다면 이제 '초보 딱지'를 뗄 시간이다.

 운전면허를 딴 뒤에 우리가 무엇을 했는지 돌이켜보면 교통법규 관련 공부를 하거나 자동차의 원리를 심도 있게 공부한 기억은 없을 것이다. 그저 차에 올라타서 내가 **가고자 하는 목적지를 향해 운전을 했을** 뿐이다.

영어 말하기는 어떨까? 이제 자기소개 정도는 할 수 있게 되었으니 해묵은 참고서와 단어장을 펴고 중요한 부분을 찾아 외우면서 공부하면 될까? 영어 말하기 기술을 향상시키기 위해 이런 방법을 택하는 사람들이 생각보다 많다. 왜 면허를 취득한 뒤에 굳이 운전면허 참고서와 문제집을 다시 꺼내서 공부하는 것일까?

처음 말했던 고정관념이 아직 바뀌지 않았기 때문이다. 여전히 지식을 쌓고 연구하는 대상으로 영어를 보고 있기에 '영어는 공부하는 학문'이라는 강박관념에 빠져 있는 것이다. 이제 중요한 것은 자기소개와 같은 정형적인 코스를 넘어 다양한 목적지를 설정하고 운전하는 '실전 주행'이다.

운전으로 집과 회사만 오가는 운전자가 있다고 가정해보자. 매일 오가는 이 구간만큼은 어떤 운전자보다도 노련하고 편안하게 운전할 수 있을 것이다. 영어 말하기를 할 때도 자기소개만 몇 년씩 반복해 연습한다면 이 콘텐츠만큼은 어떤 전문가보다도 능숙하게 잘 할 수 있을 것이다. 하지만 우리가 원하는 영어 말하기 실력은 자기소개를 잘하는 정도에 그치지 않는다. 물론 개개인의 목표치는 다르겠지만, 일상의 다양한 상황 속에서 영어 말하기 기술을 활용하고 싶다는 생각은 대부분 하고 있을 것이다.

그렇다면 여러 상황에서 말할 수 있도록 나만의 이야기를 확장해 나가야 한다. 여기서 중점을 두는 것은 두 가지다. **내가 하고 싶은 이야기**(목적지)를 **직접 말해보는 것**(운전하기)이다. 다른 사람의 상황이나 이야기를 상정하는 것보다 내 이야기를 하는 것이 기술 향상 측면에서는 압도적으로 효과적이다. 내 이야기에는 나만의 의도와 감정이 들어가기 때문이다. 다른 사람의 상황은 아무리 몰입하고 감정이입을 하려고 해도 결국 관찰자에 불과하다. 나만의 이야기로 여러 주행 코스를 만들어 연습해 보자. 다양한 이야기를 만들어 연습할수록 실전에서 더 능숙하고 자연스럽게 영어 말하기를 할 수 있을 것이다.

주행 코스 확장하기

　기본적인 내 이야기, 즉 자기소개를 어렵지 않게 할 수 있게 되었다면 관심사를 늘려보자. 직업이 있다면 자기 일에 대한 설명도 좋고, 좋아하는 취미에 관한 이야기도 좋다. 취미라고 하면 너무 거창해 보일 수도 있지만, 내 시간과 에너지, 돈을 들여서 하는 활동이라면 취미라고 할 수 있지 않을까?

　아무리 생각해도 취미가 생각나지 않고, 휴일이나 퇴근 후에는 항상 집에만 있어서 할 말이 없다고 생각하는 사람도 있을 것이다. 하지만 잘 생각해 보면 정말 아무것도 하지 않는 사람은 없다. 침대에 누워서 꼼짝하지 않더라도 머릿속으로는 온갖 생각과 상상을 할 수도 있다. 하다못해 저녁 식사 메뉴로 무엇을 먹을지조차 생각하지 않는 사람은 없다. 설령 정말 무념무상의 경지에 이른 사람이라면 그 역시 굉장히 특별한 재능이자 능력이니 남들과 차별화되는 주행 코스로 만들 수 있을 것이다.

자동차에 관한 필자의 이야기로 만든 코스를 보자.

나에게는 주행거리가 20만 km에 육박하는 작은 검은색 자동차가 한 대 있다. 첫 직장이자 지금도 재직 중인 이 회사에 입사한 지 1주년이 된 기념으로 나 자신에게 선물했던 차다. 당시까지 모았던 돈과 장기 할부까지 동원해 장만한 차였던 만큼 애정도 남달랐다.

차를 사기로 결심한 뒤 원하는 브랜드의 인터넷 커뮤니티에 가입해 괜찮은 딜러를 알아보고 견적을 요청했다. 그리고 비가 꽤 많이 왔던 가을밤, 전시장에서 차를 받아오던 때의 기쁨은 아직도 생생하다. 처음 몇 년 동안은 매주 2회 이상 세차를 할 정도로 차를 아꼈다. 차량 내부에서 좋은 향이 나는 것에 로망이 있었기에 차량용 방향제 하나를 고르는 데에 며칠을 고민하기도 했다.

첫차에 관한 이야기는 너무 많아서 어디부터 이야기를 시작해야 할지 모를 정도다. 15년이 지난 지금도 갖은 추억이 새록새록 떠오르는 이유는 그만큼 감정과 열정을 많이 쏟았다는 의미일 것이다. 자신에게 큰 의미로 남은 추억이 있는지 생각해 보자. 당장은 떠오르지 않을 수 있고, 설령 생각나는 것이 있더라도 단편적이고 추상적인 기억뿐일 수도 있다.

하지만 충분한 시간을 두고 계속 과거를 되짚어 보면 분명히 떠오르는 추억이 있을 것이다. 거창하지 않아도 좋고, 너무 흔한 이야기여도 좋다. 나 자신이 당시에 어떤 행동을 했고, 어떤 생각을 했으며, 어떤 감정을 갖고 있었는지 등의 내용만 있다면 충분하다.

나만의 주행 코스
#1 나의 까망이

내가 가장 아끼는 물건은 첫차인 BMW120D이다. 이 모델이 처음 한국에 들어왔을 때를 2009년으로 기억한다. 2009년의 어느 날 우연히 도로에서 이 모델을 처음 봤다. 그리곤 한눈에 반했다. 사람이 아닌 물건을 보고 한눈에 반하긴 처음이었다.

내가 봤던 검은색 쿠페 차량은 작지만 단단해 보였다. 문이 두 개인 쿠페 차량이었다. 무조건 갖고 싶었다. 하늘이 도왔을까? 입사 후 1년이 되었을 때 보너스를 받게 되었다. 1주년을 자축했다. 동시에 수고한 나 자신에게 이 차를 선물했다. 보너스 전액과 장기간 할부로 큰맘 먹고 차를 샀다. 수 천만 원짜리 물건을 구매한 것은 태어나서 처음이었다. 세상을 다 가진 듯 기뻤다. 이 기쁨은 꽤나 오래 지속되었다.

까맣고 잘 달리는 내 차에 '까망이' 라는 애칭을 지어줬다. 엔진 힘에 비해 차가 작아 악셀을 밟는 대로 속도가 올라갔다. 출퇴근 용으로 구입해서 처음부터 장거리 운행 위주로 운전을 했다. 매일 편도 40KM, 왕복 80KM를 운전했다. 다른 차들에 비해 핸들이 무거웠다. 그래서 오히려 고속 도로에서 더 안정감을 느낄 수 있었다.

첫 사회생활을 시작하며 스트레스도 많이 받았다. 하지만 까망이와 같이 장거리 출퇴근을 하며 스트레스를 모두 날려 버릴 수 있었다. 늦은 시간 야근을 끝내고 퇴근할 때 차가 드문 고속도로를 달리던 청량감은 환상적이었다. 까망이를 타고 당시 여자 친구였던 지금의 아내와 전국 방방곡곡을 다녔다. 잊지 못할 추억들을 많이 만들었다.

차를 산지 벌써 14년이 흘렀다. 긴 시간 동안 나에게 꽤나 많은 변화가 있었다. 여자 친구였던 와이프와 결혼을 했다. 그리고 1년 뒤 사랑스러운 아이의 아빠가 되었다. 직장에서는 3번의 승진을 했다. 14년 동안 19만 km를 달렸다. 까망이는 잔 고장 없이 아직까지도 쌩쌩하다. 뽑기 운이 좋았던 것 같다.

아이까지 생기면서 까망이를 타는 횟수는 많이 줄었다. 세명이 타기에는 차가 좁았기 때문이다. 중간에 차를 팔까 생각도 했었다. 하지만 그럴 수 없었다. 까망이는 나에게 14년 동안 많은 추억을 선물해 줬기 때문이다. 앞으로 까망이를 운전할 횟수는 계속 줄어들 것 같다. 하지만 까망이를 팔 생각은 없다. 나의 30대를 함께한 친구, 까망이는 나에게 정말 소중한 친구다.

My favorite thing is my first car, BMW 120D. I remember when this model first came to Korea in 2009. One day in 2009, I saw this model on the road by chance and instantly fell in love. It was the first time I fell in love with an object, not a person.

The black coupe I saw looked small but sturdy, with two doors. I really wanted to have it. Was it fate? After one year of work, I got a bonus. I celebrated my first anniversary and decided to gift myself this car. With the full bonus and a long-term installment plan, I bravely bought the car. It was the first time I had purchased something worth thousands of dollars, and I felt like I had everything. The joy lasted quite a long time.

I named my black and well running car "까망이".

Despite the small size compared to the engine's power, the speed increased as soon as I pressed the accelerator. I bought it for commuting, focusing on long-distance driving. I drove 40 KM one way and 80 KM round trip every day. The steering wheel was heavier compared to other cars, so I felt more stability on the highways.

Starting my first job, I experienced a lot of stress, but driving with "까망이" for long commutes helped me relieve stress. After finishing work late at night, driving on the quite highway felt amazing.

I traveled all around the country with 까망이, with my then-girlfriend, now wife. We created unforgettable memories.

It's been 14 years since I bought the car. And during this time, there have been significant changes. I married my wife who was my girlfriend. And a year later, I became the father of a lovely child. I've been promoted 3 times and covered 190,000KM in 14 years. 까망이 is still running and smoothly without major issues. I feel lucky.

After having a kid, I don't drive 까망이 as much because it's too small for three people. I thought about selling it, but I couldn't. 까망이 has given me many memories over the 14 years. I've had it. I might drive it less in the future. But I don't want to sell 까망이. it's been a dear friend in my 30S

나만의 주행 코스
#2 살기 위한 운동 시작

　건강을 위해서, 멋진 몸을 위해서 운동하시는 분들이 많을 것이다. 필자 역시 얼마 전부터 사내 헬스장에서 웨이트 트레이닝을 시작했는데 또 하나의 일상이 되어버린 운동에 대해 필자 자신의 이야기를 만들어봤다.

> 40대가 되니 체력이 급격히 안 좋아졌다. 게다가 하루 종일 책상에 앉아 일을 하니 배만 나오는 보기 싫은 몸매가 되었다. 평생 살이 찌지 않을 줄 알았다. 큰 착각이었다. 체력이 떨어지니 아들과 놀기도 힘들었다. 쉽게 피곤함을 느꼈다. 운동을 해야겠다 다짐했다.

회사 안에 있는 피트니스센터에 등록을 했다. 매일 아침 4시 50분에 일어난다. 양치질만 한 후 옷을 입고 바로 회사로 향한다. 5시 30분에 회사에 도착한다. 바로 헬스장으로 간다. 이미 많은 사람들이 운동을 하고 있다. 러닝 머신에 올라선다. 10분간 러닝을 하며 몸을 푼다. 러닝을 마치면 등 운동을 한다. 넓은 등을 가지는 것은 나의 로망이다. 그다음은 어깨 운동이다. 넓은 어깨 역시 멋진 남자의 필수 요건이라 생각한다. 쉽지 않다. 고작 10분을 했는데 지치기 시작한다. 그만하고 샤워를 하고 싶지만 계속한다. 다음은 팔 운동이다. 내가 생각하는 남자 멋진 몸매의 기준, 태평양 같은 등, 떡 벌어진 어깨, 그리고 터질듯한 팔, 이상 3코스를 완주한다. 시간은 대략 30분 정도가 걸렸다. 한껏 펌핑 된 내 모습이 멋져 보인다. 자신감이 상승한다. 샤워를 한 후 사무실로 올라간다. 사무실과 피트니스센터가 같은 건물이라 편리하다.

운동을 하고 하루를 시작하면 기분이 좋다. 상쾌하고 가벼운 느낌이다. 회사 식당에서 아침으로 먹을 테이크 아웃 음식을 받아온다. 운동을 하고 먹어서 그런지 맛이 있다. 건강해지는 느낌이다. 주말 제외, 주중 5일은 운동을 한다. 벌써 이런 일상으로 한 달을 보냈다. 거울을 보니 내 몸에 큰 변화가 찾아온 것 같지 않다. 하지만 분명히 변화가 시작된 것을 알 수 있었다. 헐렁하던 옷이 살짝 붙는 느낌이 든다. 옷을 입으면 배 부분만 끼는 느낌이 들었었다. 이 불편한 느낌을 버리고 싶었다.

운동을 시작할 때 4시 50분에 일어나는 것이 힘들었다. 하지만 지금은 할 만하다. 점심을 먹고 나면 잠이 쏟아졌었다. 지금은 점심을 먹고 나서도 그다지 졸리지 않다. 체력이 좋아진 것 같다. 체력이 좋아지니 성격도 긍정적으로 바뀐 것 같다. 건강하고 에너지 넘치는 삶을 위해 계속 운동을 열심히 해야겠다.

In my 40s, my energy has dropped a lot, and sitting at a desk all day gave me a body shape I don't like with a protruding belly. I used to think I'd never gain weight for a lifetime, but that was a big misconception. With low energy, playing with my son became difficult, and tiredness set in easily. I made a resolution to exercise.

I registered at the gym in my company. I wake up at 4:50 a.m. every morning, quickly brush my teeth, get dressed, and head straight to the office, arriving by 5:30 AM. I go straight to the gym, where many people are already working out. I hop on the treadmill for 10 minutes to warm up. After the treadmill, I do back exercises. Having a wide back is my dream. Next, I focus on shoulder exercises. I believe having broad shoulders is an essential trait of an attractive man. It's not easy. After that, I do back exercises, aspiring to have broad back muscles. Next is shoulder exercises, as wide shoulders are essential for a handsome man, I believe. It's not easy. I start feeling tired after just 10minutes. I want to stop and take a shower, but I keep going. After that, It's arm exercises. I complete this 3 course set I consider the standard for a handsome male physique: a broad back like the Pacific Ocean, well-built shoulders, and arms ready to burst. It took about 30 minutes. I look great after a good pumping session. My confidence is boosted. After showering, I go up to the office. It's convenient that the office and the gym are in the same building.

Starting the day with exercise makes me feel good - a refreshing and light sensation. I pick up takeout breakfast from the company cafeteria. The food tastes better after exercise, and it gives a sense of becoming healthier. Excluding weekends, I exercise 5 days a week. I've already spent a month in this routine. Looking in the mirror, I don't see significant changes in my body. However, I can clearly sense that a change has begun. My loose-fitting clothes feel a bit snug. When I wear them, I feel them clinging only around the belly. I wanted to get rid of this uncomfortable feeling.

When I first started waking up at 4:50 AM to exercise, it was challenging. But now it's manageable. After lunch, I used to feel very sleepy. Now, even after eating lunch, I don't feel particularly drowsy. It seems like my stamina has improved. With better stamina, my personality also seems to be more positive. To maintain a healthy and energetic life, I need to continue exercising diligently.

STEP 6

프로처럼 운전하기

영어 말하기 면허

간단한 기술로 표현 다양화하기

이제 초보 딱지를 뗐으니, 누가 들어도 편안하고 명료한, 영어 말하기의 프로페셔널이 되는 과정을 거쳐야 한다. 영어 말하기 면허를 취득하기 전, 영어가 필요할 때 입이 떨어지지 않아 한없이 작아졌던 모습이 이제는 먼 과거의 일처럼 아득할 것이다. 물론 여전히 긴장은 되겠지만, 자신감도 많이 붙었고 큰 무리 없이 영어로 의사소통을 할 수 있을 정도의 수준은 갖췄을 것이다.

기본적인 의사소통에 대한 갈증이 어느 정도 해소되었다면 더 자연스럽고 세련된 표현을 하고 싶다는 새로운 갈증이 생길 것이다.

지금의 영어 말하기 표현이 너무 단순하기에, 하고 싶은 이야기를 원어민처럼 물 흐르듯 유창하고 다채롭게 하고 싶다는 욕구가 자리 잡는 것이다. 물론 이 과정에서 가장 중요한 것은 지금까지 그랬듯 다양한 말하기 경험을 쌓는 것이다.

운전할 때 여러 경로로 차를 몰아보고 그 경로별로 직접 했던 운전 기술의 종류와 길의 형태, 방향 등이 몸에 새겨져야 능수능란한 운전이 가능한 것과 같다. 즉, 초보를 벗어나 프로처럼 운전하려면 **기술의 반복과 확장이 중요**하다.

이번에는 영어 말하기 기술을 더 자연스럽고 세련되게 바꿔 줄 도우미 4인방을 알아볼 것이다. ① MAKE, ② TAKE, ③ GET, ④ HAVE가 그 주인공이다.

운전을 하다 보면 차량 정체가 발생하기도 하고, 길의 폭, 속도 제한, 일방통행 등 다양한 상황에 맞닥뜨린다. 하지만 이럴 때 새로운 기술을 필요로 하지는 않는다. 이미 몸에 익은 기본 기술을 상황에 따라 응용하다 보면 자연스럽게 운전 기술은 향상된다.

영어 말하기에서도 기본적인 단어(동사, 명사 등)를 발화 상황에 맞게 변형해 사용할 줄 안다면 영어 말하기 능력은 크게 발달하게 된다. 위에서 언급한 make라는 동사를 예로 들어 보자. 가장 먼저 떠오르는 의미는 '만들다'일 것이다. 색종이로 학을 만들거나 함박눈이 내리던 날 눈사람을 만들어 본 경험은 누구나 있을 것이다. 이처럼 make는 무언가를 새로 창조하는 행위의 의미로 받아들여지곤 한다.

하지만 이런 단편적인 뜻만으로는 그 단어의 무궁무진한 이용 가치를 온전히 활용할 수 없다. 눈에 보이는 것을 만드는 것 외의 상황을 표현하기 위해 새로운 단어를 배우고 사용해야 하는 상황에 놓이는 것이다. 'make'의 다른 표현법을 알아보기에 앞서, 한국어로는 어떤 상황에서 '만들다'라는 말을 사용하는지 살펴보면서 언어의 특징을 이해해 보자.

> "그 사람이 나를 좋아하게 <u>만들</u> 수 있을까?"
> "상황을 이렇게 어렵게 <u>만들면</u> 내가 곤란해집니다."
> "어머니께서 <u>만든</u> 김밥은 참 맛있어."
> "나를 이렇게 나쁜 사람으로 <u>만들다니</u>!"
> "이번 신형 스마트폰은 꽤 잘 <u>만들었습니다</u>."

지금까지 수없이 많은 상황에서 응용, 변형하면서 익숙하고 자연스럽게 사용해 왔기 때문에 의식하지 못했을 뿐 '만들다'라는 단어는 이렇게 여러 가지 상황에서 다양한 의미로 쓰인다. 그렇다면 이제 위 문장에서 '만들다'를 다른 단어로 바꾸되 문장의 의미는 최대한 비슷하게 만들어 보자.

"그 사람이 나를 좋아하게 만들 수 있을까?"
☞ 그 사람이 나를 좋아하게 (유도할/설득할/이야기할) 수 있을까?
"상황을 이렇게 어렵게 만들면 내가 곤란해집니다."
☞ 상황을 이렇게 어렵게 (조성하면/유도하면) 내가 곤란해집니다.
"어머니께서 만든 김밥은 참 맛있어."
☞ 어머니께서 (요리한/조리한) 김밥은 참 맛있어.
"나를 이렇게 나쁜 사람으로 만들다니!"
☞ 나를 이렇게 나쁜 사람으로 (간주하다니/단정짓다니/몰아가다니)!
"와, 이번 신형 스마트폰은 꽤 잘 만들었는데?"
☞ 이번 신형 스마트폰은 꽤 잘 (제작되었/디자인되었)습니다.

바꾼 문장과 원래 문장을 비교했을 때, 어떤 문장이 문맥상 더 자연스러운가? 형식적, 사전적 의미를 명확하게 드러낼 필요가 있을 때는 구체적이고 개별적인 상황에 맞는 단어를 쓰는 것이 좋다. 하지만 대부분 '만들다'라는 단어를 그대로 사용하는 것이 더 자연스럽고 이해하기도 쉽다. "어머니께서 요리한 김밥은 참 맛있어."라는 문장은 어떤 의미인지 누구나 이해할 수 있지만, 일상에서는 잘 사용하지도 않을뿐더러 어색하게 느껴지기도 한다.

영어도 잘 알고 있고 익숙한 단어를 상황에 맞게 사용하면 각종 어려운 어휘를 개별적으로 쓸 때보다 자연스럽고 부드러운 문장을 만들 수 있다. 아래 예문은 make가 자주 쓰이는 10가지 구문으로, 맥락에 따라 어떤 의미로 쓰이는지 엿볼 수 있다 make가 가진 여러 뜻을 **내 일상에 어떻게 적용할 수 있을지 생각하고 문장을 만들어 보자.** 계속해서 강조하지만, 나만의 말로 만들어보지 않고 예문만을 익힌다면 영어 말하기 기술 향상에 전혀 도움이 되지 않는다. 나의 행동과 생각에 관한 문장으로 바꿔 연습해야만 더욱 세련되고 풍성한 말하기 기술을 얻을 수 있다.

MAKE

① 만들다 (Create)

일반) She makes beautiful jewelry.
[그녀가 아름다운 보석을 만든다]

Jay's) I made a paper airplane for my son.
[나는 아들에게 종이 비행기를 만들어줬다]

② 생산하다 (Produce)

일반) The factory makes thousands of cars every month.
[그 공장은 매월 수천 대 자동차를 생산합니다]

Jay's) Samsung should study the younger generation to make better phones.
[삼성은 더 좋은 휴대폰을 생산하기 위해 젊은 세대를 연구해야 합니다]

③ 이루다 (Achieve)

일반) He makes his dream come true.
[그는 꿈을 이룹니다]

Jay's) I will make my dream being a writer come true.
[나는 꼭 작가가 되는 꿈을 이룰 것입니다]

④ 결정하다 (Decide)

일반) We need to make a decision.
[우리는 결정을 해야 합니다]

Jay's) I made a decision to sell my old jacket in 당근.
[나는 오래된 재킷을 당근에 팔기로 결정했습니다]

⑤ 생성하다 (Generate)

일반) The machine makes a lot of noise.
[그 기계는 소음이 심하네요]

Jay's) Please don't make big noise.
[조용히 해주세요]

⑥ 향하다 (Head)

일반) They will make for the beach.
[그들은 해변으로 갈 거예요]

Jay's) I will make for U.S coming summer break.
[나는 미국으로 여름휴가를 갈 거예요]

⑦ 보상하다 (Compensate)

일반) He decided to make up for the mistake.
[그는 실수를 만회하기로 했습니다]

Jay's) I wanted to make up for being late by serving coffee to my co-workers.
[나는 동료들에게 커피를 사서 지각한 것을 만회하기로 했다]

⑧ 화해하다 (Compromise)

일반) They made up after their argument.
[그들은 말다툼 후에 화해했습니다]

Jay's) I made up after having a fight with my wife.
[나는 아내와 싸운 후에 화해했다]

⑨ 이해하다 (Comprehend)

일반) You can't make out what it says.
[당신은 그것이 무엇을 의미하는지 이해 못 해요]

Jay's) I can't make out what my boss's saying.
[나는 상사가 무슨 말을 하는지 이해 못 했다]

⑩ 통과하다 (Pass)

일반) Our team had to make through a challenging obstacle course.
[우리 팀은 험난한 장애물 코스를 통과해야 한다]

Jay's) I need to make through the Chinese speaking test.
[나는 중국어 말하기 시험을 통과해야 한다]

TAKE

① 앉다 (Sit)

일반) Please take a seat and make yourself comfortable.
[여기 편안히 앉으세요]

Jay's) Take a seat and listen to what teacher's saying.
[여기 앉아서 선생님이 말씀하시는 걸 들으렴]

② 가지다, 들다 (Bring, Hold)

일반) She took her umbrella because it was raining.
[비가 와서 그녀는 우산을 가지고 왔다]

Jay's) I will take gym gloves when I go work out.
[운동 갈 때 헬스 장갑을 가지고 갈 겁니다]

③ 사진을 찍다 (Capture, Snap)

일반) He took a picture of the beautiful sunset.
[그가 아름다운 석양 사진을 찍었네요]

Jay's) Can you take a picture for us?
[우리 사진 찍어 줄 수 있나요?]

④ 소요하다 (Require, Consume)

일반) It takes about 30minutes to get to the city hall.
[시청까지 30분이 걸린다]

Jay's) How long does it take from the airport to the hotel?
[공항에서 호텔까지 얼마나 걸려요?]

⑤ 역할을 맡다 (Serve, Assume)

일반) He will take over as the new CEO next month.
[그가 다음 달에 새로운 사장이 될 거예요]

Jay's) I took a GM position in our soccer club.
[축구 동호회에서 제가 총무를 담당하고 있어요]

⑥ 지불하다 (Pay)

일반) She will take care of the bill for dinner tonight.
[그녀가 저녁 살 거야]

Jay's) I will take care of the bill for dinner tonight.
[제가 오늘 저녁 살게요]

⑦ 참가하다 (Participate)

일반) He took part in the marathon last year.
[그는 작년에 마라톤에 참가했어요]

Jay's) I will take part in company diet challenge next year.
[나는 내년에 회사 다이어트 첼린지에 참가할 거예요]

⑧ 복용하다 (Consume)

일반) Take this medicine with food.
[음식과 함께 이 약을 복용하세요]

Jay's) I'm pretty sure that it's very important to take nutritional supplements.
[저는 영양제를 먹는 것이 중요하다고 꽤나 확신합니다]

⑨ 의견, 입장을 가지다 (Assert)

일반) He doesn't know what stance to take on this issue.
[그는 이 문제에 어떤 입장을 취할지 몰라요]

Jay's) I will take the same stance on this issue.
[나는 그 문제에 같은 입장일 취할 거예요]

⑩ 길, 방향을 따르다 (Follow)

일반) Take left turn after the traffic light.
[신호등 지나서 좌회전하세요]

Jay's) It's quickest to take the highway when I go to work.
[집에 갈 때 고속도로를 타는 게 가장 빨라요]

GET

① 얻다 (Obtain)

일반) She got a new job.
[그녀는 새로운 직장을 얻었어요]

Jay's) To get an opportunity, I will do my best
[기회를 얻기 위해 최선을 다하겠습니다]

② 도착하다 (Arrive)

일반) What time did you get home?
[집에 언제 도착했어요?]

Jay's) I usually got home at 7 P.M on weekdays.
[저는 주중에는 보통 저녁 7시 정도에 집에 와요]

③ 이해하다 (Comprehend)

일반) She doesn't get the joke.
[그녀는 그 농담을 이해 못 해요]

Jay's) I got it.
[알아 들었습니다]

④ 구매하다 (Purchase)

일반) She needs to get some groceries
[그녀는 식료품을 좀 사야 해요]

Jay's) I am going to get a new smartphone.
[나는 새 스마트폰을 살 겁니다.]

⑤ 느끼다 (Feel)

일반) She got a strange feeling about this place.
[그녀는 이곳에 이상한 감정을 느꼈다]

Jay's) I got sinister feeling when I broke the cup in the

morning.
[아침에 컵을 깼을 때 불길한 예감을 느꼈습니다]

⑥ 완료하다 (Finish)

일반) He needs to get this report done by tomorrow.
[그는 내일까지 이 보고서를 끝내야 한다]

Jay's) Please get it done before I call you.
[제가 전화드리기 전에 그거 마무리해 주세요]

⑦ 고용하다 (Employ)

일반) The company decided to get a new manager.
[회사는 새로운 관리자를 고용하기로 결정했다]

Jay's) Samsung has a plan to get over 1000 new employees this year.
[삼성은 올해 1000명 이상의 신입 사원을 채용할 계획을 가지고 있습니다]

⑧ 가져오다 (Bring)

일반) I will get you a cup of tea.
[당신에게 차 한잔 가져다드릴게요]

Jay's) Please get my coffee ASAP.
[최대한 빨리 제 커피를 가져다주세요]

⑨ 처리하다 (Handle)

일반) She will get to handling this issue right away.
[그녀는 이 문제를 지금 바로 처리할 거예요]

Jay's) I have to get to work on this contract.
[이 계약 건을 처리해야 합니다]

⑩ 데리다 [Escort]

일반) She got her kids to school lately in the morning.
[그녀는 아침에 아이들을 학교에 늦게 데려갔어요]

Jay's) I need to get my kid to school on time.
[제 아이를 시간 맞춰 학교에 데려가야 해요]

HAVE

① 소유하다 (Possess)

일반) He has such a nice ski.
[그는 꽤 좋은 스키를 가지고 있어요]

Jay's) I want to have a nice car
[나는 멋진 차를 가지고 싶습니다]

② 회의를 열다, 회의를 하다 (Hold)

일반) They will have a meeting at 2P.M.
[그들은 오후 2시에 회의를 열 거예요]

Jay's) I have a video conference with the customer.
[우리는 고객과 화상 회의를 합니다]

③ 먹다, 마시다 (Eat, Drink)

일반) She has a cup of tea every morning.
[그녀는 매일 아침 차 한 잔을 마십니다]

Jay's) I have couple of cups Americano every day.
[저는 매일 아메리카노 몇 잔을 마십니다]

④ 통증이 있다, 아프다 (Pain, Sick)

일반) She had a headache yesterday.
[그녀는 어제 머리가 아팠습니다]

Jay's) I used to have shoulder pain.
[저는 예전에 어깨가 아프곤 했어요]

⑤ 대면하다, 마주하다 (Face)

일반) We have an important decision to make.
[우리는 중대한 결정을 앞두고 있습니다]

Jay's) I have difficult problem to solve.
[저는 해결해야 할 어려운 문제에 직면해 있습니다]

⑥ 기르다 (Raise)

일반) They have a cat as a pet.
[그들은 애완용 고양이를 기릅니다]

Jay's) My son wants to have a dog as pet.
[제 아들은 애완용 개를 기르고 싶어 하네요]

⑦ 겪다 (Experience)

일반) He had a heart attack and was hospitalized.
[그녀는 심장 마비가 와서 병원에 입원했습니다]

Jay's) I had very hard time when I served military.
[군 복무 중 힘든 시간을 겼었습니다]

⑧ 비, 눈 오다 (Rain, Snow)

일반) We have a lot of rain this morning.
[아침에 비가 많이 왔어요]

Jay's) We will have lots of snow coming this winter.
[올 겨울은 눈이 많이 올 거예요]

⑨ 아기를 낳다 (Give a birth)

일반) She had a baby last month.
[그녀는 지난달에 아기를 낳았어요]

Jay's) My wife had a baby in 2015.
[제 아내는 2015년에 출산하였습니다]

⑩ 계획하다 (Plan)

일반) He will have a surgery next week.
[그는 다음 주에 수술을 받을 예정이다]

Jay's) I will have a business meeting with our customer next week.
[다음 주에 고객과 비니지스 미팅을 갖게 될 것이다]

부드럽게 운전하는 기술

면허를 취득한 직후 운전대를 잡으면 엄청나게 긴장된다. 온몸의 신경이 곤두선 상태로 운전하는데, 페달을 밟고 있는 발이 떨리는 듯한 느낌마저 든다. 어떤 것에도 익숙해지지 않은 상태로 실전에 투입된 것이다. 나의 조작과 차의 움직임이 잘 일치되지 않아, 어느 정도 운전대를 돌려야 하는지 감이 오지 않는다. 액셀을 어느 정도 밟아야 원하는 속도로 가속이 되는지, 브레이크는 어느 정도 깊이로 밟아야 정지선에 근접해 정차할 수 있는지 등 모든 것이 낯설다. 조수석에 앉은 사람은 그런 운전자의 모습을 보며 덩달아 불안해질 수밖에 없다.

　초보 운전자에게 쉽게 볼 수 있는 모습이다. 동작이 과하게 커지거나 작아지고, 자잘한 접촉 사고를 내기도 한다. 하지만 이 과정에서 온몸의 감각기관이 운전 기술을 받아들이고 체화한다. 물론 초보 시절부터 제법 능숙하게 운전하는 사람도 있지만, 이처럼 천부적인 운전 감각을 타고난 사람은 소수에 불과하다.

　면허를 취득한 뒤에는 다른 운전자의 모습을 유심히 보게 된다. 여러 상황에서 어떻게 운전하는지 지켜보고 머릿속으로 시뮬레이션을 하며, 나중에 직접 운전할 때 직접 시도해 보기 위함이다. 하지만 보는 것만으로는 실력 향상이 사실상 불가능하다. **직접 운전 기술을 시도해 보고 적응해 나가야 한다.**

　처음 운전을 따라 할 때는 아직 몸이 충분히 적응할 시간을 갖지 못해 어설플 것이다. 신경과 근육이 감을 받아들이지 못했기 때문이다. 익숙하지 않은 동작을 할 때는 쓰지 않던 근육과 감각이 동원되어야 한다. 자연히 피로감이 몰려올 수밖에 없다.

　이때가 고비다. 일반적으로 인간은 변화를 싫어하고 두려워한다. 그렇기에 피로감이 몰려오면 시도를 멈추고 예전으로 돌아가고 싶은 충동이 생긴다. 목적지에 도착하는 것만을 목표로 몸이 기억하는 과거의 운전 방식을 고수하며 좋지 않은 운전습관이 굳어지게 된다. 운전자 본인은 느끼지 못할 수 있지만, 동승자나 다른 차량 운전자들은 불안하고 불편해진다.

동승자와 주위 차량에 안정감을 주는 프로 운전자들의 운전을 유심히 보면 운전을 매우 부드럽게 한다는 특징이 있다. 동작이 크지도 작지도 않으며, 가속할 때는 천천히 부드럽게 속도를 올린다. 정지할 때는 제동거리가 너무 길지 않게 서서히 속도를 줄이고 관성으로 인한 충격을 최소화하며 정차한다.

이처럼 부드러운 운전은 영어 말하기에도 필요하다. 기술을 상황에 맞춰 유연하게 적용하면서 다음 문장으로 이어 나가는 것이다. 영어 말하기에서는 억양과 강세가 그 역할을 한다. 영어뿐 아니라 세상에 존재하는 모든 언어는 각각 특유의 억양과 강세를 갖고 있으며, 지역별로도 그 스펙트럼은 다양하게 나타난다. 표준어와 각 지방 방언의 구분도 이러한 억양, 강세의 차이가 큰 영향을 미친다.

하지만 표준어를 기준으로 할 때 한국어는 영어나 중국어와는 달리 흔히 '인토네이션(intonation)'이라고 하는 억양이 그리 두드러지지 않는다. 반면 영어는 억양이 상당히 두드러지는 언어다. 외국인의 한국말이 어색하게 들리는 것은 모국어의 억양이 한국어에도 무의식적으로 배기 때문이다. 반대의 경우도 마찬가지다. 억양이 상대적으로 밋밋한 한국어 억양으로 영어를 하면 현지인이 듣기에는 어색할 수밖에 없다. 보통 이런 영어를 '코리안 악센트(Korean Accent)'라고 한다.

외국어를 할 때 억양에 신경 쓰지 않으면 당연히 모국어 억양으로 말하게 된다. 물론 언어는 의사소통의 도구인 만큼 한 마디도 못 하는 것보다는 모국어의 억양으로 나마 외국어를 할 줄 아는 것이 낫다. 하지만 기왕 소통한다면 누구나 더 부드럽고 자연스럽고 편안하게 대화하고 싶은 욕망이 있다. 영어를 모국어로 쓰는 이들과 비슷한 억양과 발음을 구사할 수 있다면 화자와 청자 모두에게 편안한 상황을 만들 수 있지 않을까?

외국어 억양과 발음을 교정하기 위해서는 이미 모국어에 익숙한 발성기관의 움직임을 영어에 익숙해지게 만들어야 한다. 영어 발음에 관한 수많은 서적과 콘텐츠가 있지만, 중요한 것은 **직접 발음을 반복해 연습해야 한다는 것**이다. 물론 이 과정에서 상당한 피로감이 몰려올 수 있다. 초보 운전자가 차를 몰 때 느끼는 피로와도 비슷하다. 하지만 실제 영어 억양을 보고 듣고 느끼면서 흉내 내어 연습해 몸이 기억하도록 해야 한다.

또 한 가지 중요한 점은 단어의 철자 하나하나를 발음하는 데에 신경 쓰는 것을 넘어 **'문장 단위'의 전체적인 억양에도 주의를 기울여야 한다**는 것이다. 한국어를 말하는 상황을 생각해 보면 그 중요성을 쉽게 알 수 있다. 우리 대부분은 평소 글자 하나하나 발음에 공을 들이면서 말하지 않는다. 아나운서처럼 완벽한 발음을 하지 못하더라도 대다수의 한국인은 원활하게 소통하며 일상을 영위하고 있다. **문장 단위로 스며든 억양이 대화를 서로 이해하고 소통할 수 있게 만드는 대부분의 역할을 하고 있기 때문**이다.

운전할 때 수학 공식처럼 암기한 지식을 바탕으로 조작하지는 않는다. 주행 도중 빨간 불이 들어온 신호등을 만났을 때 정지선 몇 미터 앞에서 어느 정도 깊이로 브레이크 페달을 밟아야 하는지 기억하고 일일이 생각하는 사람은 없다. 단편적으로 익힌 기술을 운전하는 상황에 맞춰 연속적이고 유기적인 형태로 사용할 수 있어야 우리가 생각하는 '고급 운전'을 할 수 있다. 음절과 음절이 결합해 단어가 되며, 단어와 단어가 결합해 문장이 된다는 것을 모르는 사람은 없다. 문장이라는 하나의 덩어리 안에서 자연스러운 흐름(flow)을 만드는 억양에 집중해야 한다는 것이다.

그렇다고 각 단어의 발음을 무시해도 된다는 것은 아니다. 특히 한국어에는 존재하지 않는 'f', 'v', 'th' 등은 정확하게 발음할 수 있어야 한다. 예를 들어, 'breath'와 'breathe'에서 'th'는 발음이 다르며, 어떤 발음이 나는지에 따라 동사와 명사로 나뉘는 등 활용법도 다르다. 하지만 이런 단편적인 기술들은 주행의 일부에 불과한 만큼 전체적인 흐름 속에서 적절히 적용할 줄 아는 것이 더 중요하다.

처음 시도할 때는 목이 메고 혀가 꼬이는 듯한 고통이 찾아올지도 모른다. 지금까지 수 년, 많게는 수십 년간 해왔던 발성 방식과는 다르기 때문이다. 하지만 몸이 적응할 때까지 반복하다 보면 어색했던 발음과 억양이 점차 편안해지는 것을 느낄 수 있다. 쓰지 않아 굳었던 근육들이 움직임에 적응하면서 어느새 익숙해진 것이다.

굉장히 곤욕스러운 과정이지만, 영어를 잘하는 주변 사람들도 처음에는 매우 어설픈 발음으로 시작했을 것이다. 지금은 발음과 억양이 꽤 자연스럽고 유창해 보여서 나와는 다른 인체 구조를 가진 것처럼 느껴질 수 있지만, 실상은 그렇지 않다. 영어를 모국어로 쓰는 원어민 어린이들도 몇 해 전에는 영어라고 생각하지 못할 정도의 어설픈 억양으로 말을 해왔다는 것을 알아야 한다.

우리나라의 어린아이들만 봐도 그렇다. 3~4살의 유아들은 당연히 초등학생보다 발음도 어눌하고 사용하는 어휘의 범위도 좁다. 하지만 우리는 그런 언어의 발달과정을 이해하고 있기에 이것이 잘

못되었다고 생각하지 않는다. 영어 말하기에 익숙하지 않은 우리들은 이제 막 옹알이를 하며 '마마', '파파' 정도만 말하기 시작하는 어린아이의 수준이라고 볼 수 있다. 그러니 나의 영어 발음이 어색한 데에 유독 엄격한 잣대를 들이대며 부끄러워할 필요는 없다.

 모국어는 같은 말을 사용하는 사람들로 둘러싸인 환경에서 모방을 좋아하는 인간의 본능에 따라 어린 나이부터 자연스럽게 익힐 수 있다. 반면 같은 환경에서 평소에 사용하지 않는 영어의 발음과 억양을 개선하는 것은 상당히 어려울 수밖에 없다.

 그러나 이런 시행착오 끝에는 분명 원하던 바를 이룬 자기 모습을 볼 수 있을 것이다. 우리의 몸은 분명 신비로운 능력을 갖고 있으며, 어떠한 환경에서든 의지와 반복된 노력만 수반된다면 충분히 성공할 수 있다. 이 과정을 거치는 자신을 자책하거나 부끄럽게 여길 필요는 없다. 지금까지 영어를 공부한 몇 년의 시간은 지금 나의 영어 말하기에 큰 영향을 미치지 못하는 과거일 뿐이다.

 이제 영어 말하기 면허도 취득했으니, '모두에게 편안하고 안전한 운전'을 염두에 두고 흉내를 내며 직접 운전해 볼 차례다. 난폭하고 거칠고 불편한 운전법을 버리고 나와 동승자, 그리고 다른 차의 운전자들에게도 편안하게 느껴지는 운전 습관을 들여보자. 누구든 '프로 같은 운전'을 할 수 있다.

신문, 뉴스는 피하자

영어 말하기를 잘하고자 CNN 뉴스를 보거나 The Times 등 영자 신문을 읽는 것이 유행이던 시절이 있었다. 국내 소식을 전하는 뉴스도 잘 보지 않을 나이에 다른 나라의 사건, 이슈들을 다룬 영어 언론매체가 잘 읽힐 리가 없었다. 하지만 괜히 교양 있어 보이고 주변의 시선도 달라지는 느낌에 영어 뉴스를 읽곤 했던 기억이 있다.

초보자에게 영어 뉴스 읽기의 장점은 '자기만족감'이 유일하다. 일상에서 접하기 어려운 단어와 문장이 등장하며, 심지어 사회적으로 이슈가 되는 내용들을 다뤘기에 상식이 채워지고 있다는 느낌도

받는다. 하지만 그렇게 시간이 흘러도 영어 말하기 실력은 늘지 않는다.

그 이유는 기사나 뉴스 원고에 쓰인 영어 문장이 일상 속 말하기에서는 거의 쓰지 않는 문체이기 때문이다. 개인의 견해를 바탕으로 쓴 칼럼이나 사설 등을 제외하면 신문이나 뉴스에 등장하는 요소는 대부분 개별 사건에 대한 설명이나 해설에 집중한다. 칼럼, 사설과 같은 글 역시 일상과는 거리가 먼 학술적, 전문적인 내용들이 많다.

그렇지만 사람들이 대화할 때는 일반적으로 특정 대상을 설명하거나 해설하는 식으로 말하지 않는다. 설령 그럴 기회가 생긴다고 해도 그 주제에 대해 '나'라는 주체가 어떻게 생각하는지, 어떤 입장인지 등에 초점을 맞춘 이야기가 될 것이다. 뉴스를 진행하는 아나운서들처럼 사건의 원인과 현상, 결과 등 사실관계에만 초점을 맞춰 설명하지는 않는다.

예를 들어 날씨에 관한 이야기를 한다면 보통 이렇게 대화가 이루어질 것이다.

> A: 오늘은 날씨가 좋네요. 어제보다 확실히 따뜻해진 것 같아요.
> B: 그러게요. 옷을 좀 얇게 입어도 괜찮겠어요.

> A: 비가 오지는 않겠죠?
>
> B: 일기예보에서는 내일쯤 비가 올 수도 있다더라고요.

만약 일기예보에 나올 법한 용어들로 이 대화를 재구성한다면 어떻게 될까?

> A: 오늘은 기압골의 영향으로 하늘이 구름 한 점 없이 맑으며, 기온도 어제보다 3도 정도 높네요.
>
> B: 맞아요. 기온이 3도나 높아졌으니, 외출할 때는 얇은 소재의 외투를 챙기는 것이 좋을 것 같아요.
>
> A: 저기압이 강해져서 강우가 발생할 가능성은 없을까요?
>
> B: 기상청에 따르면 서서히 저기압의 영향력이 강해지면서 비가 올 확률이 있다고 했어요.

요즘은 일기예보도 친숙한 언어를 많이 사용하는 만큼 다소 과장한 측면은 있지만, 사람들의 평소 대화와는 차이가 있다. 모국어인 한국어로 대화할 때도 일기예보에서나 접하는 전문 용어들보다는 되도록 쉬운 단어와 문장을 사용한다. 일상에서 저런 용어로 대화한다면 서로 어색한 상황이 연출될 것이다.

또 다른 이유는 뉴스에서 다루는 내용이 내 삶에 직접적으로 와닿지 않는 경우가 많기 때문이다. 일상의 테두리에서 벗어난 일에는 공감하기 힘들기에 감정이 크게 동요하지 않는다. 간혹 분노를 일으키거나 훈훈한 감동을 주는 사건들도 있지만, 이것을 일상 대화에서 심도 있게 다룰 이유는 딱히 찾아보기 어렵다.

그 외에도 다양한 이유가 있겠지만, 영어 뉴스나 신문이 영어 말하기 기술 향상에 크게 도움이 되지 않는 이유로는 이 두 가지가 가장 크다고 할 수 있다. 우리가 면허를 취득하는 이유는 일상에서 원하는 목적지에 가기 위함이지, 분쟁 지역에서 군인을 호송하는 군용차를 몰기 위함이 아닌 것과 마찬가지다.

즉, 학회 포럼이나 전문 분야에 관한 토론 등 특수성을 요구하는 상황이 아니라면 대부분 쉬운 단어로 편안하게 대화를 이어가며, 자연스럽게 생각을 전달해야 한다. 영어 말하기를 잘하는 사람은 이런 특징을 가지고 있다. 대화가 부담스럽지 않고 의도가 명확하며, 듣는 사람이 이해하기 쉽게 말한다. 일상에서 자주 사용하는 단어는 3천 개 안팎이라고 한다. 언뜻 많은 수치인 것 같지만, 숫자를 비롯해 간단한 사물의 명칭들까지 포함한 것이기에 걱정하는 것처럼 전문적인 단어들은 많지 않다.

한국에서 태어나고 자란 초등학생 어린이와 한국어를 처음 배운 박사학위 소지 외국인 중 누가 일상에서 더 자연스럽게 한국어를 구사할 수 있을까? 어린이의 지식수준과 구사할 수 있는 단어 수가 턱없이 제한적이지만, 한국어를 사용하는 데에 있어서만큼은 훨씬 능숙하고 유창할 것이다.

필자의 인생 미드,
'The Apprentice'

 시트콤, 시대극, 장르물, 나아가 영화에 이르기까지 모두 영어 말하기 능력을 향상시키는데 필요한 도구가 될 수 있다. 하지만 이런 작품들에 등장하는 대사는 모두 작가의 머리에서 '가공'된 것이라는 점을 항상 염두 해야 한다. 우리나라의 드라마만 봐도 대사들은 대체로 일상에서 사용하는 것보다 정제된 느낌을 준다. 극이 설정해 놓은 방향을 따라가야 하며, 시청자가 잘 이해할 수 있어야 하기 때문에 인공적인 느낌이 들 수밖에 없다.

 작품 속 상황도 과장되거나 의도적으로 연출된 것이다. 영어 말하기를 배우려는 목적에서 즐겨 찾는, 또한 흥행 면에서도 큰 성공을 거둔 '프렌즈(Friends)'도 마찬가지다. 생각해 보면 극중 상황처럼 서로 다른 성향의 친구들이 매일같이 모여 대화를 나누는 상황은 흔하지 않다.

이처럼 일반적으로 자주 볼 수 없는 연출된 상황에서 줄거리가 진행되는 만큼 그 맥락에 감정을 이입하기가 어렵다. 개인 취향에 맞는다면 작품에 흥미를 갖고 어느 정도 영어 말하기 기술의 향상도 기대할수 있겠지만 개인적으로는 그리 효율이 좋지 않다고 판단하기에 추천하지 않는다. 영어 말하기 실력 향상을 위해 미드를 고른다면 아래와 같은 특징을 가진 작품을 선정하는 것이 좋다.

첫째, 극의 장르와 내용에 흥미를 느끼는 작품일 것.

둘째, 등장인물의 상황에 공감하고 극중 인물이 된 것처럼 감정을 쏟아낼 수 있는 작품일 것.

필자에게 위 두 가지 조건을 모두 충족했던 작품은 2004년부터 2017년까지 방영된 'The Apprentice'였다. 이 시리즈물은 인위적으로 꾸미고 다듬어진 대사가 존재하는 작품은 아니었다. 인종, 나이, 출신, 학력이 각기 다른 참가자들이 단 하나의 대표 자리를 얻기 위해 주어지는 과제를 수행하며 경쟁하는 서바이벌 리얼리티 쇼였다. 이 프로그램의 백미는 각 에피소드 마지막에 나오는 도널드 트럼프 전 미국 대통령이 참가자들과 회의실에서 인터뷰를 하는 장면이다. 널리 알려진 트럼프의 명대사, "You're fired!"라는 말이 이 프로그램에서 탄생했다.

각 에피소드에서 주어진 과제에서 패한 팀은 전원 회의실로 입장하며, 패배의 가장 큰 요인이었던 1인을 선정한다. 회의실 분위기는 그야말로 전쟁터를 방불케 한다. 트럼프는 패배의 원인으로 지목되는 참가자에게 예리한 질문을 던지며, 탈락 위기에 놓인 참가자들은 필사적으로 자기변호에 임한다. 왜 자기가 해고되어서는 안 되는지 정당화하는 말을 늘어놓으며 설득하는 것이다.

과제를 수행할 때는 조용하고 내성적으로만 보였던 인물들도 탈락의 궁지에 몰리면 태도가 급변한다. 기존과는 전혀 다른 모습을 보이기도 하고, 온갖 감정을 쏟아내며 탈락하지 않기 위해 안간힘을 쓴다. 주어진 각본도 없이 오로지 살아남겠다는 인간의 본성만이 발휘되는 대화가 진행되는 것이다.

필자에게는 이런 대화들이 무척 인상적이었다. 프로그램을 시청하던 당시 앞으로 있을 취업 면접 인터뷰가 연상되면서 트럼프 같은 면접관이 없기를 바랄 정도로 모든 출연자에게 강한 감정이 이입되었다.

　탈락자가 나올 때마다 '내가 저런 질문을 받았다면 어떻게 항변했을까?'하는 상상을 하며 나만의 답변을 영어로 중얼거림과 동시에 어색한 연기를 덧붙였다. 가끔 필자와 같은 생각을 하는 출연자가 등장하기라도 하면 대화를 그대로 따라 하며 능청스럽게 연기를 해보기도 했다.

　이처럼 작품만 잘 고르면 영어 말하기 기술 습득에 있어 미드는 매우 효과적인 방법이다. 지루함을 느끼기 어려울 만큼 흥미가 생기며, 그 관심을 바탕으로 심장이 두근거릴 정도로 감정이입을 할 수 있기 때문이다. 영상 콘텐츠로 영어를 몸에 익히고자 한다면 **'내 감정을 이입할 수 있고, 내 감정을 분출할 수 있는 영상'**을 구해 연습할 것을 권한다.

　'남들이 좋다니까 나도 한 번 볼까?'라는 생각으로 부화뇌동하지 말고, 영상 속 장면에 자신을 넣을 수 있는 작품을 찾아보자. 재차 언급하지만, 감정이 움직이지 않으면 몸에 각인시키기 어렵다. 영어 말하기는 몸이 기억해야 하는 기술이다. 감정이 실린 언어는 진한 잉크로 새긴 것처럼 몸에 남는다.

부분보다는 흐름에

한국인의 특성 중 하나는 체면을 중시한다는 것이다. 그렇기에 발음 연습이 가장 어렵게 느껴질 수 있다. 처음으로 직접 영어를 말할 때 온몸에 스미는 민망함은 무척이나 곤혹스럽다. 영어 말하기 초보 시절, 우연히 필자의 영어 발음을 녹음해 들어본 적이 있는데 그야말로 쥐구멍에 숨고 싶은 마음이었다. 목소리도 낯설었고 손발이 오그라들면서 '정말 내가 말한 것이 맞나?' 하는 의구심마저 들 정도였다.

하지만 지금은 이런 과정이 필수적이라는 것을 자신 있게 말할 수 있다. 무엇이든 처음 시도할 때는 어색한 법이다. 한국어 억양과 발음에 익숙한 우리의 발성 기관이 '영어'라는 새로운 언어를 자연스럽게 발화할 수 있기까지는 인고의 시간을 견뎌야 한다.

갓 운전면허를 취득하고 차를 몰기 시작했는데 '앞으로 3개월 안에 웬만한 택시 기사님들처럼 운전할 수 있는 실력을 갖춰야지.'라고 생각하는 사람은 드물다. 장기간 많은 경험을 쌓아야 운전 실력이 향상된다는 것을 알고 있기 때문이다. 하지만 영어에 대해서만큼은 시간과 노력을 들여야 한다는 사실을 쉽사리 인정하지 않는 듯하다. '100일 영어 완성' 등의 말에 혹하는 것도 그런 조급함에서 비롯된 것이다.

이는 영어를 몸이 아닌 머리가 익히는 대상, 즉 지식으로 보는 경향 때문이다. 일반적으로 '지식'이라고 하면 열심히 밑줄을 긋고 분석해 이해하며 두뇌에 저장하는 것으로 받아들인다. 받아들인 지식을 얼마나 기억하고 있느냐에 따라 나의 실력이 평가된다. 학교를 다니던 시절부터 졸업 후 사회에 진출해서도 우리는 이해와 암기에 기반한 영어 시험의 굴레에서 벗어나지 못한다. 그 오랜 기간 천금 같은 시간을 쏟아부었음에도 여전히 영어는 제자리걸음이라는 생각에 짜증, 초조함, 답답함 같은 감정이 화산처럼 솟구친다.

그래서 필자는 이렇게 조언한다.

"운전 공부하지 말고 운전하고, 영어 공부하지 말고 영어 하자."

아무리 차량과 교통표지 등에 관한 지식이 있더라도 직접 운전을 해 보지 않으면 실력을 키울 수 없다. 가까운 길이라도 내 몸을 이용해 운전대를 돌려보고, 액셀과 브레이크도 밟아 봐야 한다. '공부'로 머릿속에 집어넣는 것이 아니라, 몸을 이용해 익히는 과정이 필요한 것이다.

영어도 마찬가지다. 한국어에 없는 발음, 한국어와 다른 어순을 따라야 하며, 생소한 억양에도 적응해야 한다. 내 몸의 발성 기관이 이런 모든 것들을 제대로 소리 낼 수 있게 연습해야 한다. 엑셀 한 번 제대로 밟아보지 않은 사람이 차의 가속 정도를 조절할 수 있을 리 만무하다. 오락실에서 레이싱 게임은 많이 해 봤기에 괜찮다고 말하는 사람도 있겠지만, 현실과 가상은 완전히 다르다. 약간이나마 도움은 되겠지만, 그것으로 충분하다고 말할 수는 없다.

발음 이야기를 꺼내면 한국인이 영어 발음을 제대로 할 수 없는 이유를 찾는 사람들을 종종 마주하게 된다. 미국인과 한국인은 신체 구조가 다르고 발화 기관에도 차이가 있는 만큼 한국인의 발성 기관으로 미국인처럼 영어를 하기는 어렵다는 것이 이들의 대표적인 주장이다. 한국인의 다리 길이가 미국인보다 짧기 때문에 페달을 밟는 데에 불리하여 운전 조건에서 뒤처진다는 말과 다를 것이 없다. 한 마디로 궤변이다.

미국은 이민자의 나라로 다양한 인종이 섞여 살아간다. 인종마다 미묘하게 발음이나 어감 등에 차이는 있지만, 이는 신체적 차이보다는 처음 언어를 배울 때의 환경이나 습관에서 비롯된 측면이 크다.

문장 전체의 흐름보다 개별적인 단어나 음절에 집중한다면 번역기에 작성한 문장을 기계가 읽는 듯한 느낌이 들 것이다. 모국어도 마찬가지다. 모든 단어를 발음기호에 맞춰 정확하고 또렷하게 발음하는 사람은 드물다. 그럼에도 같은 언어를 사용하는 국민들이 서로 어색함을 느끼지 않고 대화할 수 있는 것은 문장 전체의 억양, 리듬이 수용 가능한 범위의 자연스러움으로 다가오기 때문이다.

운전도 마찬가지다. 운전대 회전하기, 페달 밟기, 기어 변속하기, 와이퍼 작동하기 등 단편적인 동작 하나하나를 잘 하는 것만으론 부드럽고 자연스러운 주행을 담보할 수 없다. 이런 개별 동작들이 연속적으로 결합되어 자연스러운 메커니즘을 형성할 때 '운전을 잘 한다'고 할 수 있을 것이다.

기회가 된다면 최선을 다해 만든 '나의 이야기'를 원어민이 어떻

게 읽는지 세심하게 관찰해 보자. 단어들을 어떻게 발음하며, 이어진 단어는 어떻게 연음 처리하는지, 문장 단위에서 강세 등 전체적인 억양이 어떤지 파악하는 것이다. 똑같이 모방하기는 어렵겠지만, 따라 하며 낯선 소리를 내는 데에 어색한 느낌이 사라지고 익숙해질 때까지 견뎌 보자. 그러다 보면 결국 편안해지는 순간이 반드시 오며, 원어민에 근접한 '버터 바른 듯한' 영어를 구사할 수 있게 될 것이다.

바쁜 일상 속, 자투리 시간 활용하기

　영어를 익히려면 당연히 일정한 시간을 들여야 하지만, 현실적으로 생업을 팽개치고 영어만 붙잡고 있을 수는 없다. 우리 대부분이 생업을 영위하는 데에 소진하는 정도의 시간을 영어 말하기에 쏟는다면 전반적인 영어 수준은 지금보다 한층 높았을 것이다. 설령 조건이 갖춰진다고 해도 몇 시간씩 한자리에 앉아 영어만 하는 것은 정신적, 체력적으로 상당히 버거울 것이다. 입을 움직이면서 나의 이야기를 계속 말하는 과정이 수반되어야 하는데, 이것을 쉬지 않고 계속해서 하기는 특별한 경우가 아니라면 매우 어려울 것이다.

운전도 마찬가지로, 장시간 운전하면 집중력이 저하되고 피로가 쌓인다. 계속 같은 자세로 신경이 곤두선 채 운전하기에 긴장한 상태가 이어지며, 근골격계에도 부하가 걸린다. 고속도로에 졸음쉼터와 휴게소가 존재하는 이유가 바로 여기에 있다. 생리현상을 해결하고 스트레칭을 통해 경직된 근육을 이완하면서 휴식을 취함으로써 재충전과 집중력 향상에 도움이 되기 때문이다.

한 연구 결과에 따르면 일반 성인 기준 최고의 집중력을 유지할 수 있는 시간은 최대 40분이라고 한다. 또한, 생성된 기억은 1시간 안에 70% 이상 소실된다고도 하니, 영어 말하기도 30~40분 단위로 반복해 훈련하는 것이 손실을 줄이는 효율적인 방법이 될 것이다. 한두 번 연습한다고 체화되는 것이 아닌 만큼, 집중력과 체력을 최대한 활용할 수 있는 범위 내에서 여러 번 반복하는 것이 더욱 효과적이다.

몇 시간 동안 한자리에서 고도의 집중력을 유지하며 큰 소리로 내 이야기를 말할 수 있다는 자만에 빠지지 않도록 해야 한다. 의욕이 과도하게 앞서면 몸과 마음이 모두 다칠 수 있다. 잠깐씩 짬을 내어 할 수 있는 말을 하나씩 늘려 간다는 생각으로 접근할 것을 권한다.

영어 말하기는 단거리 경주가 아니다. 기간을 길게 잡고 기본기와 문장 뼈대를 차곡차곡 쌓아 나가는 것이 단기간 급하게 기른 문장력보다 실생활에서 더 튼튼하고 안정적으로 활용하는 데에 도움이 된다. **머리에는 벼락치기가 통할지 모르지만, 몸에는 통하지 않는다. 길게 보고 멀리 가자.**

정확한 목적지 정하기

 필자는 반도체 회사에서 해외 영업을 하고 있다. 고객에게 회사의 제품을 파는 영업 활동의 궁극적인 목적은 회사 이익을 극대화하는 데에 있으며, 이를 위해 전략을 수립하고 고객을 설득하는 일련의 과정이 모두 영업에 포함된다. 그렇기에 반도체 시장 동향을 주시하고 고객의 사업 군을 파악한 뒤 상황에 맞게 판매하는 것이 중요하다.

 모든 사람은 각자의 생활 반경을 갖고 있다. 자녀를 키우는 부모일 수도 있고, 은퇴 후 제2의 인생을 사는 사람도 있을 것이다. 농업, 수산업에 종사하는 사람도 있을 것이며, 본인의 회사를 운영하는 경영자, 자영업자, 나아가 정규 교육 과정을 이수하고 있는 학생일지도 모른다. 이처럼 각자 다양한 현실을 살아가는 과정에서 '내 상황에 맞는' 영어를 익히는 것이 효과를 극대화하는 방안이 될 것이다.

나의 일상에서는 쓰이지 않는, 다른 사람의 삶에서 사용하는 재료로 영어 말하기를 배운다면 언어가 체득되기 어렵다. 금융권에 종사하는 사람이 반도체 영업에 종사하는 필자의 언어를 익힌다면 쓸모가 매우 제한적이고 결국 잊힐 것이다. 내가 공감하거나 감정을 이입할 수 없는 맥락으로는 영어 말하기 기술을 발전시키기 어렵다.

영어로 말할 일이 그리 많지 않은 한국에 사는 우리는 영어로 생업을 영위하거나 눈을 떠서 잠들 때까지 영어만 쓰는 상황을 접하기 어렵다. 그렇기에 내 삶의 테두리에 있는 주행 코스를 중심으로 연습하는 것이 고급 운전자 단계로 가는 최적의 방법이 될 것이다.

해외여행 외에는 영어를 쓸 일이 거의 없지만, 그래도 필요할 때는 멋지게 영어를 구사하고 싶다고 생각하는 사람도 마찬가지다. 여행지에서도 상황별로 쓰이는 영어가 다양하다. 공항 입국심사, 교통수단 이용, 호텔 체크인, 식당 음식 주문 등 각종 상황에 따라 구사하는 문장도 달라져야 한다.

  그러니 각 상황을 단편적으로 가정하고 문장을 말하기보다는 일련의 이야기를 만들 듯 주행 코스를 구상하고 연습하는 것이 좋다. 각 상황을 구분하고 한 문장 한 문장을 개별적으로 만들어 준비하더라도 언제나 변수는 발생하며, 내가 만든 문장에 정확히 들어맞는 상황을 만나기는 쉽지 않다. 그렇기에 하나의 이야기 내에서 흐름에 맞춰 연습하는 것을 권장한다. 그러다 보면 상황에 맞춰 유연하게 말하며 목적지에 이르는 자신을 발견할 수 있을 것이다.

집-마트 코스는 내가 우주 최강

집과 가까운 마트까지의 주행 코스를 예로 들어보자. 주변 풍경도 익숙하며, 직접 운전하지 않고 대중교통을 이용한다고 해도 어떤 버스를 타야 하는지, 어떤 길로 가는지 잘 알고 있다. 이 정도 구간을 운전하는 데에 거창한 운전 실력이 필요하지는 않지만, 초보 운전자에게는 이마저도 어려울 수 있다. 하지만 여러 번 반복해 경험하다 보면 어느새 익숙해진다. 이처럼 상대적으로 쉬운 구간을 반복해 주행하며 운전 감각을 키운 뒤 점차 더 길고 어려운 구간을 운전하면 자기도 모르는 새에 실력은 향상되어 있을 것이다.

영어 말하기 기술을 배울 때 초보자가 흔히 하는 실수가 있다. 처음부터 너무 어렵거나 일상과는 동떨어진 소재로 연습하는 것이다. 자기소개도 제대로 못하면서 'AI 기술의 발전 방향'과 같은 주제를 연습하는 것이 효과적일 리 없다.

이런 방법으로는 일정 수준에 도달하는 데에 시간이 오래 걸릴 뿐 아니라, 실용성도 굉장히 떨어진다. 명절에 고향 가는 길보다 장 보러 가는 길, 출퇴근하는 길을 연습하는 것이 훨씬 실용적이고 유용한 것과 같다.

운전이든 영어 말하기든 목적지를 확실히 설정하고 여기에 철저히 특화된 주행을 연습해야 시간과 노력의 낭비를 막을 수 있다. 우리 대부분은 영어 선생님, 동시통역사, 국제 통상 전문가가 되기 위해 영어 말하기 기술을 배우는 것이 아니다. 내 삶의 반경에서 자연스럽고 편안한 영어를 구사하며 원활하게 소통하는 것이 목적이라는 점을 반드시 기억해야 한다.

매일같이 운전해서 가던 길을 택시를 타고 가는 경우 택시 기사님이 아는 길보다 내가 경험으로 알게 된 길이 더 효율적일 때가 종종 있다. 몇 십 년 동안 운전만을 생업으로 삼아 온 기사님에게 어떤 길로 가는 것이 좋다고 설명하기도 한다.

이것이 가능한 이유는 수도 없이 경험하며 익숙해진 이 코스에 대해서만큼은 본인 스스로가 전문가이기 때문이다. 통번역대학원에 재학 중인 학생이 필자보다 반도체 해외영업을 능숙하게 할 수는 없을 것이다. 단순히 반도체에 관한 전문 용어를 아는 데에 그치지 않고 고객과 어떻게 대화해야 하는지를 필자가 더 잘 알고 있기 때문이다. 내가 알고 있고 나에게 익숙한 상황에 맞는, '나만의 이야기'를 하나씩 늘려가다 보면 영어 말하기 실력자가 되는 길이 그리 멀지는 않을 것이다.

소요 시간의 의미

'6개월 만에 영어 천재가 되었어요.'
'단기 영어 마스터 비결'
'영어 10주 완성'
'핵심 100문장으로 영어 달인 되기'

 시중에서 꽤 흔하게 접할 수 있는 영어 관련 서적이나 학원의 홍보 문구다. 단기 집중학습이라는 부분에 초점을 맞춘 내용으로, 한때 선풍적인 인기를 끌기도 했으며 여전히 많은 사람이 이런 문구에 혹하고 있다. 한강의 기적을 이룬 한민족의 '빨리빨리' 유전자가 깊이 새겨진 우리에게 짧은 시간에 영어를 완벽하게 익힐 수 있다는 말은 그 어떤 유혹보다도 달콤하게 들린다.

부분적으로 맞는 부분도 있다. 주변을 보면 오랜 시간을 들여서야 영어 고수가 된 사람도 있고, 소수긴 하지만 단기간에 상당한 수준의 실력을 갖춘 사람도 분명히 존재하기 때문이다. 하지만 어느 정도 신뢰할 만한 확률을 담보하기 위해서는 ① **일반인의 상황에 맞게 재구성될 것**, ② **올바른 방법으로 습득이 진행될 것**이라는 두 가지 조건이 수반되어야 한다.

운전도 마찬가지다. 어떤 사람은 면허를 취득한 지 꽤 오랜 시간이 흘렀음에도 여전히 운전에 자신 없는 사람이 있다. 반면 운전경력은 고작 1~2년에 불과한데도 십수 년 운전 경력의 택시 기사님 못지않은 운전 실력을 갖춘 사람도 있다. 이런 격차가 발생하는 데에는 **집중된 경험의 차이**가 가장 큰 영향을 미친다.

후자는 짧은 기간이지만 굉장히 많은 운전 경험을 쌓았다. 시간과 장소를 가리지 않고 이동할 때마다 직접 차를 몰았고, 시내와 고속도로, 비포장도로까지 안 가본 곳이 없을 정도다. 이 과정에서 예상치 못한 상황도 많이 맞닥뜨렸을 것이며, 그럴 때마다 나름의 판단으로 극복했을 것이다. 가려는 목적지까지 수백, 수천 번 운전을 해 오면서 베테랑 운전자에 가까운 경험을 축적한 것이다. 그 기간 교통학, 자동차공학 등을 연구했거나 다른 사람이 운전하는 모습을 지켜보기만 했다면 이런 발전을 이뤄낼 수 없었을 것이다.

중요한 것은 자기의 손과 발을 써서 수많은 목적지까지 직접 운전했다는 것이다. 온몸을 동원해 그 시간을 사용했기에 운전 기술의 발전을 이룰 수 있었다는 것은 의심의 여지가 없다. 이처럼 영어 말하기도 단기간 내에 실력을 월등히 향상시킬 수는 있다. 극한에 이를 정도의 상황을 몸소 경험하고 나면 의도하지 않더라도 자연스럽게 말하기 실력은 좋아질 수밖에 없다.

이러한 언어 집중교육이 이루어진 사례가 있다. 미 국방부 자료에 의하면 2차 세계대전 당시 미 육군성은 적국의 통신 정보 탈취를 위해 일부 병사에게 프랑스어와 독일어를 습득시켜야 했다. 이에 20세의 현역 군인을 대상으로 매일 20시간씩 2:1로 묻고 답하기를 반복했고, 6개월이 지나자 매우 유창한 수준의 외국어 실력을 갖추게 되었다고 한다.

물론 일반적인 현실과는 동떨어진 배경에서 이루어진 훈련이었다는 점에서 지금 우리의 상황과는 차이가 있다. 하지만 모국어 체계가 자리 잡은 성인이 6개월 만에 암호 해독, 스파이 역할을 할 정도로 유창한 외국어 실력을 얻었다는 점은 단기간에 비약적인 언어 실력 향상이 불가능한 것은 아니라는 점을 시사한다.

누구나 하루라도 빨리 영어 말하기 고수가 되기를 원한다. 하지만 물리적인 시간을 줄이는 데에만 치중한다면 본질을 놓칠 수 있다. 쉽고 빠르게 영어 말하기를 익힐 수 있는 왕도는 없다. 중요한 것은 '집중된 경험'이다. 공감이 되지 않는 주제보다는 나의 감정을 실을 수 있는 주제로 연습하고, 집중력을 유지할 수 있는 시간을 중심으로 반복해 연습한다면 누구나 영어 고수가 될 수 있을 것이다.

매일 간단한 모의 주행하기

 아무리 운전 실력이 좋아도 오랜만에 운전대를 잡으면 일시적으로나마 제 실력을 발휘하지 못하거나 어색하게 느껴질 수 있다. 하지만 적응 기간이 지나면 다시 과거의 운전 실력을 되찾는다. 언어도 마찬가지다. 외국에서 한동안 한국어를 사용하지 않았던 사람이 오랜만에 귀국해 한국어를 하면 말이 다소 어눌하게 들리기도 하고, 영어의 억양이 묻어 나오기도 한다. 지금은 '투 머치 토커'로 유명하지만, 메이저리그에서 오랫동안 활약한 박찬호의 한국어가 한동안 어색하게 들렸던 것도 그런 영향이 크다.

하지만 매일 운전하다가 하루 이틀 쉬었다고 해서 실력이 퇴보하지는 않는다. 장기간 꾸준히 운전을 했던 만큼 일시적인 공백이 크게 느껴지지는 않는 것이다. 매일 운전하는 것처럼 영어도 꾸준히 사용하는 습관이 필요하다. 외국인을 만날 시간도, 영어를 쓸 일이 없어도 상관없다. 설령 매일같이 외국인을 만나고 영어를 써야 한다고 해도 정해진 말만 한다면 큰 의미가 없기 때문이다.

중요한 것은 '지금 내 생각과 하고 싶은 말을 영어로 말해 보기'다. 물론 말문이 막히는 순간이 있을 것이다. 말이 생각을 따라오지 못하기 때문이다. 그렇기에 자기 수준에 맞는 다양한 주행 코스를 만들어 몸에 밸 때까지 최대한 자주 연습하는 것을 권유하는 것이다. 주행 코스가 다양할수록, 내 몸에 진하게 스며들수록 막히는 구간이 줄어드는 것을 경험하게 된다.

'나의 주행 코스'는 ① **내가 가고자(표현하고자) 하는 요소**, ② **내가 직접 운전하는(영어로 말하는) 행동**이라는 두 가지가 결합된 것이다. 다른 사람이 정해 놓은 코스를 운전해 봤자 마음에 와닿지 않을 것이며 감정도 동하지 않는다. 내가 원하는 길이 아니기에 몸이 기억할 필요도 없으며, 익히게 되더라도 원하는 코스를 갈때보다 시간과 노력을 많이 기울여야 한다. 효율성, 흥미 등 모든 측면에서 그리 긍정적이지 못한 것이다.

직접 해야 한다는 것도 중요하다. 아무리 내가 원하는 길이라고 해도 대리운전을 맡기거나 지인이 운전한다면 내 운전 실력이 늘 수는 없다. 가끔 주춤하고 어리바리한 모습을 보이더라도 내 몸을 써야 한다. 물론 수준급 운전자의 주행을 눈여겨본 뒤 직접 기술을 적용한다면 좋은 본보기가 될 수 있겠지만, 그저 조수석에 앉아있는 것만으로는 아무런 의미가 없다.

바쁜 일상에서 매일 짧은 영어라도 해 봐야 한다. 출근길 카페에서 '어떤 커피를 마실까?'라는 생각도 좋고, '아이스 아메리카노 한 잔 주세요.'처럼 주문하는 말도 좋다. 직원에게 영어로 말할 필요는 없다. 내 차례를 기다리면서 중얼거리는 정도로도 충분하다. 간단한 노력이지만 분명 빛을 발하는 순간이 올 것이다.

시뮬레이션 효과
: 상상의 힘, 미래를 미리 경험하기

신체를 이용해 기록에 도전하고 승리를 노리는 운동선수들에게 이미지 트레이닝은 보편적인 훈련법 중 하나로 자리매김하고 있다. 세계적 골프 선수인 아널드 파머는 매 홀 스윙을 하기 전에 머릿속으로 자신의 스윙 모습을 그려본다고 한다. 완벽한 자세로 정확하게 맞은 드라이버 샷이 원하는 그대로의 궤적을 그리며 목표한 낙하지점으로 떨어지는 장면을 상상하는 것이다. 그러면 현실에서도 상상과 같은 스윙을 하게 되고, 결과도 원하던 대로 나오는 경험을 자주 한다고 한다.

스포츠 선수는 최고의 결과를 위해 신체의 잠재력을 극대화하는 대표적인 직업이다. 이상적인 이미지를 그리며 원하는 퍼포먼스를 위해 내 몸을 훈련하는 것이다. 그렇다면 여러 번 언급한 것처럼 '몸으로 익히는 영어 말하기'를 하는 우리도 이미지 트레이닝을 통해 기술을 향상시킬 수 있지 않을까?

필자는 고객사 담당자와 미팅을 하기에 앞서 논의하는 장면을 시뮬레이션으로 그려 본다. 중요한 미팅일수록 어떤 대화가 오갈지 더욱 구체적으로 상상해 보고 어떤 논리로 설득해야 고객이 수긍할지 고민한다. 때로는 작게 혼잣말로 곱씹어 보기도 하며, 굳이 입 밖으로 내지는 않더라도 처음부터 끝까지 모든 장면을 상상해 보기도 한다. 두 방법 모두 실전에서 상당히 효과적이었다.

이러한 시뮬레이션 기법의 장점은 여러 가지가 있지만, 가장 큰 장점은 바쁘게 살아가는 현대인에게 시간과 공간의 제약을 뛰어넘을 수 있게 해 준다는 부분이다. 이 책을 집어 든 독자 여러분들은 모두 영어 말하기 실력 향상을 절실히 바랄 것이다. 하지만 영어 말하기 상황을 시뮬레이션 할 정도의 머릿속 작은 공간도 마련하지 못한다면 영어를 잘하고자 하는 의지가 부족하다고밖에 볼 수 없다. 자기 전 몇 분, 양치질을 하는 시간, 샤워를 하는 시간 모두 시뮬레이션을 하기 좋은 시간이다. SNS나 웹서핑 하는 시간의 일부만 할애해도 충분하다.

 당구에는 흰 공과 빨간 공 각각 두 개를 놓고 경기하는 사구라는 종목이 있다. 각자 흰 공을 한 개씩 테이블에 놓고, 상대의 공을 피해 빨간 공을 모두 맞혀야 점수를 얻는 규칙이다. 규칙은 매우 단순하지만, 공을 맞히는 방법은 셀 수 없이 다양하기에 어떤 길을 이용해 점수를 낼지 생각하는 묘미가 있다. 당구를 좋아하는 사람들은 경기를 하는 내내 끊임없이 어떻게 공을 칠지 상상한다. 당구장을 나온 뒤에도 여러 상황을 머릿속에 그려보고, 어떤 각도로 어디를 맞혀야 가장 멋지고 효과적일지 고민한다. 당구뿐 아니라 골프, 야구, 농구, 배구, 축구 등 어떤 스포츠든 마찬가지다. 지하철이나 버스를 기다리는 도중에도 공을 던지거나 배트, 클럽을 스윙하는 동작을 하는 사람들을 간혹 볼 수 있다.

 상상 속 시뮬레이션은 인간만이 할 수 있는 능력이다. 말을 할 때도 이런 시뮬레이션을 활용할 수 있다. 여러 사람이 있는 공간에서 상대 없이 혼자 영어 말하기를 하는 것이 부끄럽고 곤욕스러운 사람들에게는 특히 효과적일 수 있다.

 요즘은 무선 이어폰을 꽂고 음악을 듣거나 영상을 보며, 통화하는 사람을 많이 볼 수 있다. 사람들은 이어폰을 착용하고 혼자 말하는 사람을 이상한 눈으로 보지 않는다. 그렇다면 외국인과 통화를 하는 것처럼 무선 이어폰을 끼고 영어 말하기를 해 보는 것은 어떨까? 물론 처음에는 괜히 머쓱하고 어색한 느낌이 들 것이다. 나를 신경 쓰는 사람은 아무도 없지만, 괜히 누군가 나를 주목하고 있는 것 같다는 생각도 들 수 있다. 필자 역시 마찬가지였다. 하지만 한두 번 해 보니 금방 익숙해졌고, 실제로도 영어 말하기 기술 향상과 자신감 상승에도 도움이 되었다.

그래도 사람들의 시선이 신경 쓰인다면 이렇게 생각을 해 보자. 지하철, 버스, 길거리에서 우연히 마주친 사람을 다시 마주칠 가능성은 얼마나 될 것이며, 혹시 마주치더라도 나를 알아볼 수 있는 사람은 몇이나 될까? 게다가 한국어도 아닌 영어로 하는 말을 귀 기울여 집중해서 듣는 사람도 많지 않을 것이다. 부담감과 부끄러움을 잠시 내려놓고 벽을 한두 번만 넘어서 보면 이후에는 아무렇지도 않은 순간이 분명 찾아온다. 그리고 그때, 우리의 영어 말하기 기술은 이전보다 크게 향상되어 있을 것이다.

상황을 상상하고 영어로 말하는 것을 놀이처럼 해 보자. 혼자 있다면 연기를 해도 좋고, 정말 조용히 있어야 하는 상황이라면 영어로 말하는 나의 모습을 머릿속으로 그려보자. 분명 몸은 영어 말하기에 점점 익숙해지고, 그에 적합한 형태로 진화하고 있을 것이다.

다만, 이 방법은 초보자보다는 중급 수준을 갖춘 사람에게 더 효과적일 것이다. 아직 영어로 문장을 만들고 입으로 내뱉는 과정이 익숙하지 않다면 뇌에서 전달하는 신호에 몸이 반응하는 속도가 느려 효율성이 떨어지기 때문이다. 초보자들은 앞서 제시한 '직접 입을 사용해 연습하기'를 통해 말하기 콘텐츠를 확장하고 추가적인 기술을 어느 정도 습득한 뒤 시뮬레이션을 하는 것이 좋다.

내 주행 코스에서 꼭 필요한 운전 기술을 사용해보기

기본적인 기술을 익혔다면 이제 다양한 표현을 하고 싶다는 생각이 들 것이다. 영어로 말은 할 수 있지만 쓰는 말도 한정적이고, 어딘가 충분하지 않다는 느낌이 들기도 한다. 영어 말하기 기술을 배우는 사람은 대부분 경험하는 과정이다.

실제로 일정 수준 이상의 영어 실력을 가진 사람도 면밀히 살펴보면 자기에게 익숙한 몇 가지 패턴을 주로 활용하는 모습을 볼 수 있다. 물론 모국어로 말할 때도 어느 정도 정형화된 대화의 틀이 있다. 하지만 모국어는 자주 쓰는 문장이나 패턴이 외국어보다 훨씬 다양하며, 표현 방식도 자연스러워 범위의 제한을 인지하지 못할 때가 많다. 즉, 영어를 더욱 풍성하게 쓰고 싶다면 자주 쓰는 패턴을 확장하는 것이 제일 좋은 방법이 될 것이다.

어느 정도 의지와 노력이 필요하지만, 생각보다 간단한 방법으로 영어 문장 말하기 패턴을 확장할 수 있다. 먼저, 자주 쓰는 한국어 패턴을 하나 골라 보자. 예를 들어 필자의 경우, '~해야 한다.'라는 표현을 자주 사용한다.

'이 책을 읽어야 하는데.'
'그 사람은 영어 기술을 배워야 하는데.'
'그 곳에 가야 하는데.'
'그것을 먹어야 하는데.'

필자뿐 아니라 많은 사람이 다짐이나 결심, 계획을 말할 때 자주 사용하는 표현일 것이다. 하지만 이렇게 빈번하게 쓰는 표현을 앞서 배운 'have to'로만 구사한다면 단조롭고 지루한 느낌을 줄 수 있다. 이런 말들은 **'Be 동사 + supposed to + 동사원형'**으로 표현하면 문장을 훨씬 풍성하게 만들 수 있다. 위문장을 예시로 살펴보자.

> I have to read this book.
> → I <u>am supposed to</u> read this book.

> He has to learn English skills.
> → He is supposed to learn English skills.
>
> I have to go there.
> → I am supposed to go there.
>
> I have to eat it.
> → I am supposed to eat it.

영어를 배운 적이 있다면 한 번쯤 봤을 법하지만, 쓸 일이 없어 기억 저편으로 사라져 있던 구문일 것이다. 이처럼 접한 적은 있지만 의미와 용도를 명확히 알지 못해 사용할 엄두를 못 냈던 표현을 중심으로 점차 확장해 나가면 된다. 여기서 중요한 것은 책을 비롯한 여러 매체에서 표현을 보고 '**공부**'**하지 말아야 한다**는 것이다. 이 구문의 의미를 이해했다고 해서 그냥 넘어가면 안 된다는 뜻이다. 이해했다고 바로 입에서 나올 수는 없다. 반드시 내게 익숙한 상황, 나에게 맞는 상황에서 직접 표현해 봐야 한다.

운전할 때 자기만의 주행 코스에 다양한 기술을 의도적으로 적용해 보는 것과 같다. 직진하다가 좌회전 후 100m 전방에서 우회전해 골목으로 진입하는 코스가 있다고 가정해 보자. 좌회전 후 거리가 넉넉하지 않은 만큼 코너링 직후에 바깥쪽 차선으로 진입하며 골목

진입을 시도하는 기술이 필요하다. 이때 함께 좌회전한 차량은 물론 다른 차선에 있는 차들의 움직임도 살펴야 하며, 방향지시등과 엑셀, 브레이크도 적절한 타이밍에 작동해야 한다. 처음에는 우물쭈물하다가 타이밍을 놓치기도 하지만, 비슷한 상황을 여러 번 겪다 보면 복잡하게 생각하지 않고도 몸이 자동으로 반응하며 원하는 곳으로 갈 수 있다.

비슷한 코스를 주행하는 영상을 보거나 관련 내용을 설명한 책만 보고 이해하는 데에 그쳤다면 실제 상황에서 제대로 운전하기는 어려울 것이다. 직접 해당 코스에서 운전을 해 보고 각 상황에 대응해 봐야 이후에도 능숙하게 대처할 수 있다.

모국어와 외국어를 막론하고 언어를 습득하는 데에도 같은 원리가 적용된다. **모국어는 일상에서 숱하게 사용하는 만큼 체감을 못 하지만, 외국어는 의식적으로 반복해 사용하면서** 기술을 체득해야 한다. 자주 사용하는 한국어 문장을 선택해 영어로 바꿔 표현하고, 이를 다양한 상황에 적용하며 비슷한 주행 코스를 만들어 보자. 너무 욕심을 부릴 필요는 없다. 1주일에 한 가지 표현을 골라 여러 예문을 만들어 발화하며 연습하면 충분하다. 1개월이면 4~5개의 표현을 습득할 수 있고, 1년이면 무려 52가지 표현법을 구사하는 고급 말하기 기술을 얻게 될 것이다.

운전의 완성은 주차

운전 실력이 좋은 사람들은 보통 주차를 잘한다. 반대로 운전이 미숙한 사람은 특히 주차에 취약한 모습을 보인다. 일차원적으로 보면 주위 차들도 거의 정지해 있고, 선이 그어진 공간 안에 차를 집어넣기만 하면 되는 주차가 주행보다 쉬워 보일 수 있다. 그런데도 유독 초보 운전자에게 주차가 어렵게 느껴지는 이유는 무엇일까?

역설적이게도 주변 차들이 움직이지 않고 자기가 익힌 기술만으로 모든 상황을 해결해야 하는 과제이기 때문인지 모른다. 도로에서는 내가 실수해도 주위 차들이나 보행자가 어느 정도 양보하거나 조심하는 등 조치가 가능하다. 하지만 주차 시에는 아무도 도와줄 수 없고, 정해진 틀에 정확하게 맞춰 넣으면서 혼자 힘으로 마무리해야 한다.

영어 말하기에 있어 주차는 '대화의 끝맺음'이다. 목적지에 도착해 주차하면 주행이 완료되는 것처럼 맺음말로 대화를 일단락하는 것이다. 제대로 대화를 매듭짓지 않으면 상대는 대화가 끝난 것인지 다른 말로 이어가기 전의 일시적 멈춤인지 헷갈리게 된다. 누군가와 대화할 때뿐 아니라 혼자 말하는 연설이나 발표도 마찬가지다. 끝맺음이 엉성하면 화자가 말을 더 이어갈지 이대로 마치는 것인지 청중에게 혼란을 야기할 수 있다. 이처럼 '대화의 끝맺음'은 청자에게 좋은 대화 상대라는 인상을 남길뿐 아니라, 의사소통의 질 향상에도 큰 역할을 한다.

그렇다면 어떻게 끝맺음을 잘할 수 있을까? 대화의 양상에 따라 마무리 역시 천차만별이다. 하지만 세상에 존재하는 주차장의 형태가 아무리 다양해도 성격에 따라 타워형, 지상형, 지하형 등으로 분류할 수 있듯 대화의 마무리도 마찬가지다. 모든 상황을 정리하는 만능형 맺음말은 없겠지만, 대화나 말하기 유형에 따라 큰 틀에서 구분할 수는 있다.

업무 상황을 예로 들어보자. 영업직은 고객을 대면하기도 하지만, 전화 통화도 빈번하다. 이때 고객의 문의나 요청을 즉시 해결하기 어려우면 확인하고 다시 연락하겠다는 말로 통화를 마무리하곤 한다. 직장 생활을 하는 사람이라면 굉장히 빈번하게 하는 말일 것이다.

"확인해 보고 다시 연락드리겠습니다."
"알아보고 회신드리겠습니다."

이런 상황에서 영어로는 이렇게 말하면서 전화를 끊거나 대화를 마무리하면 된다.

"I will check and get back to you."

처음에는 세부적인 상황에 따라 다른 말로 대화를 마무리하곤 했지만, 오히려 그런 것이 상대에게 의도치 않은 의미로 전달되거나 혼선을 빚는 경우가 많았다. 이후로는 이 하나의 문장을 공통적으로 사용하고 있다. 첫인사로 많이 하는 "How are you doing?", 혹은 "How's it going?"과 빈도가 비슷할 정도로 자주 쓰며, 완전히 체화되어 이제 대화의 마무리에는 자동으로 나오는 말이 되었다.

아래 문장들은 보통 자연스럽게 대화를 마무리할 때 사용하는 빈도가 높은 말들이다. 자기가 처한 상황과 상대방, 그리고 분위기에 맞는 맺음말을 몸에 흡수해서 부드럽게 대화를 마무리하는 능력을 길러 보자. 마무리 기술은 영어 말하기의 격을 한층 더 높이는 데에 필수 요소다.

자주 쓰는 맺음말 모음

① **It was great talking to you.**
[만나서 즐거웠어요]

② **Take care, I'll see you again next time.**
[건강하시고 다음에 또 찾아뵐게요]

③ **Let's grab a meal together sometime.**
[나중에 밥 한 끼 해요]

④ **Take care and have a good one.**
[조심히 가시고 좋은 하루 보내세요]

⑤ **Nice meeting you, I'll see you around.**
[만나서 반가웠어요. 다음에 또 봬요]

⑥ **That's all. Thank you for the audience.**
[이상입니다. 청중해 주셔서 감사합니다]

⑦ **I will check and get back to you.**
[확인해 보고 연락드릴게요]

⑧ **Enjoy the rest of your day. Catch you later.**
[남은 하루 즐겁게 보내시고 나중에 봬요]

⑨ **Good-bye and I hope to see you again.**
[안녕히 계세요. 다음에 또 뵈면 좋겠어요]

⑩ **I will look into it and give you a call.**
[알아보고 전화드릴게요]

대화의 시작
: 예열하고 출발하기

　차에 올라 시동을 건 뒤에는 30초에서 1분 정도 예열 시간을 갖는다. 특히 추운 겨울에는 예열이 필수적이다. 본격적으로 주행하기에 앞서 멈춰 있던 엔진을 가동함으로써 엔진오일과 냉각수가 원활하게 순환되도록 하고, 그로 인해 부품의 마찰로 인한 손상 등을 줄일 수 있기 때문이다.

　영어 말하기도 본격적인 대화에 앞서 가볍게 안부를 묻는 등 '아이스브레이킹' 시간을 가진다면 경직된 분위기를 다소 누그러트릴 수 있다. 특히 오랜만에 만났거나 업무적으로 처음 만난 사이 등의 경우 분위기가 다소 냉랭할 수밖에 없기에 한겨울 자동차의 시동을 걸 때처럼 예열의 시간이 꼭 필요하다. 그러잖아도 어색한 상황에서 마주 앉자마자 업무 이야기를 꺼낸다면 굉장히 삭막한 분위기에서 대화가 이어질 것이다. 상대의 호의를 기대하거나 중요한 협상을 진행해야 하는 순간이라면 이러한 예열 시간은 더욱 중요하다.

그래서인지 영어 교과서를 비롯한 다수의 영어 교육 서적의 앞부분은 안부 인사를 주고받는 내용으로 이루어진 경우가 많다. 지금 여러분의 머릿속에 떠오르는 대화는 바로 이것일 것이다.

> "How are you?"
> "I'm fine, thank you. And you?"

이 말을 굳이 번역하지 않고 한국어 느낌으로 보면 서로 "안녕하세요?"라는 인사를 주고받는 정도가 될 것이다. 물론 특수한 상황에서는 다른 말로 대체할 수도 있겠지만, 가장 대중적이고 일반적인 인사말인 셈이다. 반대로 서로 면식이 있거나 어느 정도 친밀감이 형성된 관계에서는 다른 말로 인사를 할 수도 있을 것이다. 영어 드라마나 영화에서 종종 보이는 "What's up, bro?" 같은 문장이 한 예다.

보통 첫인사는 딱히 생각하지 않고 자동으로 튀어나오는 수준의 문장이다. 아무도 '안녕(安寧)'이라는 사전적 의미인 '아무 탈 없이 평안'한지 확인하기 위해 "안녕하세요?"라는 말을 쓰지는 않는다. 하지만 그 기능마저 무시하면 안 된다. 앞서 언급한 것처럼 첫인사는 본격적인 대화에 앞서 긴장된 분위기를 이완하고 전체적인 대화를 긍정적인 방향으로 이끌 수 있기 때문이다. 별다른 의미를 담기보다는 대화의 수문을 여는 용도 그 자체를 위한 말의 성격이 강하다. "How are you?" 역시 진짜 상대방이 어떻게 지내는지 궁금해서 하는 질문이 아닌 만큼 몸에 익혀 편하게 사용하면 된다.

상황에 따라 다른 표현으로 대체할 수도 있다. 아래는 자주 사용하는 인사말들이다. 이중 본인이 자주 사용할 것 같은 것 몇 개를 골라서 상황에 맞게 활용하면 된다. 대화의 예열이 필요할 때 입에서 자동으로 튀어나올 수 있도록 반복해 연습하며 습관을 들여보자. 대화가 한층 더 부드러워지고 이야기도 훨씬 자연스럽고 온화한 분위기에서 흘러갈 것이다.

자주 쓰는 첫인사 질문 10가지

① **How's it going?**
[잘 지내세요?]

② **What's up?**
[뭔 일이야?]

③ **How are things?**
[어때요 요즘?]

④ **How's everything?**
[별일 없죠?]

⑤ **What have you been up to?**
[요즘 잘 지내요?]

⑥ **How have you been?**
[요즘 잘 지내요?]

⑦ **How's life treating you?**
[살만 해요?]

⑧ **How's your day been?**
[오늘 하루 잘 보내고 있어요?]

⑨ **What's new?**
[별일 없어요?]

⑩ **How's your week been so far?**
[이번주 잘 보내고 있나요?]

자주 쓰는 첫인사 대답 10가지

① **It's going well, thanks. How about you?**
[잘 지내고 있어요, 고맙습니다. 어떻게 지내세요?]

② **Not much, just relaxing at home.**
[별로예요, 집에서 쉬고 있어요]

③ **Things are good. Thanks for asking**
[잘 보내고 있네요. 물어봐 줘서 고마워요]

④ **Everything's fine, how about you?**
[잘 지내요. 어떻게 지내세요?]

⑤ **I've been keeping busy with work and some stuffs.**
[일도 그렇고 몇 가지 일들로 좀 바빴네요]

⑥ **Life's treating me well, thanks. How's it going for you?**
[살만하네요. 고맙습니다. 잘 지내요?]

⑦ **Today's been pretty good. Got a lot done.**
[오늘은 괜찮은 편이에요. 많이 해결되었네요]

⑧ **Not much, just the usual routine.**
[별거 없어요. 똑같아요]

⑨ **Not too much new, just work and some socializing.**
[새로운 건 없고 일하고 사람들 만나고 그래요]

⑩ **It's been a good week so far, how about you?**
[이번 주는 괜찮네요. 어떠세요?]

에필로그

　앞에서 언급했던 영어 말하기를 잘 하는 친구와 오랜만에 통화를 하게 되었습니다. 서로 반갑게 안부를 묻던 중 이 친구가 의외의 하소연을 하기 시작했습니다.

　"요즘은 어때? 살 만해?"

　"야, 오랜만에 영어를 하려니 입이 잘 안 떨어지더라. 말을 좀 많이 해야겠어."

　"너처럼 영어를 잘 하던 애가?"

"응, 그러네. 말도 잘 안 나오고, 상대방이 말하는 것도 자주 놓치고 그러네."

원어민 뺨칠 정도의 영어 실력에 모두가 부러워하던 그 친구의 한숨 섞인 말을 보시면서 독자분들은 어떤 생각이 드셨나요? 지금까지 몇 번씩 얘기했던, '영어 말하기는 운전과 같다.'라는 말을 다시 한번 상기하게 되었을 것입니다. 몇 년 동안 운전을 하지 않다가 오랜만에 앉은 운전석이 괜히 낯설게 느껴지듯, 영어 말하기도 마찬가지입니다. 아무리 출중한 실력을 갖고 있더라도 자주 해 보지 않으면 본 궤도에 오를 때까지 일정한 시간과 연습이 필요합니다. 물론, 그 친구도 현지에서 생업을 위해 영어를 쓸 수밖에 없다 보니 오래지 않아 예전의 유창한 영어 말하기 실력을 되찾을 수 있었습니다.

사람을 만나거나 일을 하면서 이런 생각을 해 보신 적 있으신가요?

"오늘은 무슨 이야기를 해야 할까?"

"이번에는 이런 이야기를 해야 하는데 잘할 수 있을까?"

"이럴 때는 이런 이야기를 해 볼까? 예상한 대로 답변이 오지 않으면 그다음에는 어떻게 이어가야 하지?"

저도 영어권 국가의 고객과의 중요한 미팅을 앞두면 이런 생각으로 머릿속이 복잡해집니다. 그나마 직접 얼굴을 대면하는 미팅이면 조금 나은데, 코로나19 시기를 지나면서 화상 회의 비중이 많아지면서 어려움이 더 커지기 시작했습니다. 친구와도 전화로 대화하는 것과 직접 만나서 대화하는 것이 다른 것처럼 회의도 마찬가지입니다. 상대의 음성과 제스처를 직접 보고 듣는 회의와 스크린과 스피커로 진행하는 화상회의는 큰 차이가 있습니다. 목소리의 선명도나 제스처의 생동감이 실제로 보는 것보다 크게 떨어지기 때문입니다. 그래서 중요한 이슈로 화상 회의를 준비할 때는 다른 때보다도 많은 압박과 중압감을 느끼곤 합니다.

하지만 저는 경험으로 알게 된 것이 있습니다. 그런 두려움을 떨쳐낼 수 있는 최고의 방법은 그 상황을 먼저 겪어보는 것이라는 사실입니다. 단순히 상황과 이미지를 머릿속에 그려보는 데에 그치지 않고 실전과 같은 느낌으로 혼자만의 '리허설'을 해 보는 것입니다. 저는 체득한 기본 기술을 바탕으로 내 스타일에 맞게 다양한 기술을 추가해 가며 한 편의 이야기를 만들고 계속 연습해 보곤 합니다.

물론 실제로 닥치는 상황이 제 상상과 100% 일치할 수는 없습니다. 하지만 이런 예행연습을 통해 내가 가야 할 방향과 목표를 다시 한번 공고히 다지고, 돌발 상황도 유연하게 넘기는 힘을 기를 수 있습니다. 영어를 모국어처럼 '써야만' 하는 환경이 강제적으로 주어지지 않는 이상, 영어 말하기 기술을 갖기 위한 길은 스스로 개척해야만 합니다.

매일 조금씩이라도 연습할 시간이 생긴다면 더할 나위 없이 좋을 것입니다. 하지만 현실적으로 그런 환경을 가질 수 없다면 1주일에 한 번이라도 시간을 내서 연습할 필요가 있습니다. 중요한 것은 '너무 오래 놓지 않는 것', '꾸준히 하는 것'입니다. 저만해도 주중에는 대중교통으로 출퇴근하고 주말에만 운전을 하는 편입니다. 그런데도 지금의 운전 실력을 유지하는 데에 큰 무리는 없습니다.

하지만 '영어 말하기 면허'를 딸 때까지는 기본 기술을 익히는 데에 조금 더 집중하실 것을 권장합니다. 기본이 확실히 다져져 있어야 이후 고급 기술을 배워 연마할 수 있고, 오랫동안 거리를 두고 있더라도 금방 본궤도에 진입하는 회복성과 탄력성을 가질 수 있습니다. 어린 시절 태권도를 배울 때만 생각해도 흰 띠, 노란 띠를 거치면서 자세와 동작의 기본기를 잘 다진 아이들이 이후 빨간 띠, 검은 띠를 따고 나서도 자세가 멋있습니다. 그리고 그런 아이들이 태권도를 장기간 하지 않았더라도 몇 번만 보면 몸이 과거의 동작을 떠올리며 곧잘 하곤 합니다.

고개를 돌려 창밖을 내다보면 지금 이 시간에도 수많은 차들이 눈에 들어옵니다. 자연스럽고 절묘한 실력으로 다른 차량과 물 흐르듯 운전하는 고수도 있고, A4 용지만 한 크기로 '초보운전' 스티커를 붙이고 느리고 서툴게 운전하는 새내기 운전자도 있습니다. 하지만 이들 모두 자신의 실력대로, 자신의 속도대로 목적지를 향해 나아갑니다. 우리의 영어 말하기도 마찬가지입니다. 이제 영어 말하기 면허를 취득했으니 직접 말하며 실력을 쌓을 때입니다.

설마 아직도 영어를 공부해야 할 대상으로 느끼는 분은 없으시겠죠?

자, '영어 말하기 면허증'을 단단히 챙기고 이제 '진짜 영어'를 하러 가 보시죠!

He can do it!
She can do it!
And... Yes,
I ABSOLUTELY CAN DO IT!

운전면허보다 쉬운 영어 말하기 면허

초판 1쇄 | 2024년 4월 1일

지은이 | 강재환
교정/검수 | 트라이 & 글

발행처 | (주)영어면허연구소
연락처 | 070-4078-0917
등록 | 제2024-000019호
주소 | 경기도 화성시 동탄지성로 11, 7층
ISBN | 979-11-9867-600-9

* 인쇄,제작 및 유통상의 파본도서는 구입하신 서점에서 바꿔드립니다.
* 이 책의 전부 또는 일부 내용을 재사용 하려면 반드시 사전에 저작권자와 영어 면허 연구소의
  서면 동의를 받아야 합니다.